Ready to go!

Good Morning！
今天要做什麼呢？

#全島美術館 ≫P.19

#APRON CAFE ≫P.47

#太陽的贈禮 #土庄港 ≫P.58

#後藤鉱泉所 ≫P.79

#道之驛 小豆島橄欖公園 ≫P.18

啟程！瀨戶內海體感旅行！

come on!

#耕三寺博物館（耕三寺） ≫P.19

#大三島Limone ≫P.26

#女木島 #海鷗的停車場 ≫P.54

與琳瑯滿目的可愛商品相遇

讓人少女心大爆發。

#紙膠帶 #TANE　**》P.112**

水果芭菲絕對不能錯過♡

瀬戶內海美食吃透透！

（右起）「工房尾道帆布」色彩繽紛的帆布商品（**》**P.99）、「Tomoura Site」的紅色屋頂十分醒目（**》**P.83）、「MINORI GELATO」使用小豆島食材製作的義式冰淇淋超誘人（**》**P.59）、古民家裝修成的「常衛門食堂」（**》**P.108）

走進融入了島嶼風光的淡藍色世界。

#島嶼藝術 #TOKORO美術館大三島》P.77

（右起）「サイドテラス」販售的倉敷玻璃工藝品（≫ P.113）、超適合拍美照的「貓之細道」（≫ P.29）、「道之驛 小豆島橄欖公園」將《魔女宅急便》真人版電影的布景打造成了雜貨店（≫ P.18）、「喫茶 キツネ雨」的白狐起司蛋糕（≫ P.96）、「life:style」的精巧別緻商品一應俱全（≫ P.78）

繽紛華麗的世界讓人怦然心動。

#USHIO CHOCOLATL ≫ P.79

6

那麼，明天又會
有什麼新的邂逅呢？

#龜老山展望公園 #魔幻時刻　≫P.25

（右起）在「風のレストラン」享用以瀬戶內海食材烹調的美食（≫ P.20）、夜晚的燈光讓「倉敷美觀地區」呈現夢幻氛圍（≫ P.104）、吸引眾多自行車愛好者造訪的酒吧就位於「ONOMICHI U2」（≫ P.102）、用小豆島唯一的酒藏「フォレスト酒藏 MORIKUNI ギャラリー」的地酒來乾杯吧（≫ P.65）

018

027

028

030
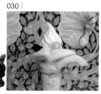

046

059

062

What do you feel like doing?

016 SETOUCHI MAKES ME HAPPY
現在可以讓你在瀬戶內 尾道 倉敷感到快樂的事

032 MUST SEE, MUST VISIT
The best spot of the Setouchi trip is here!

072 | 080 | 087 | 094 |

100 | 104 | 106 | 111 |

icon ☎電話號碼　休公休、休館日　🕐營業、開館時間　¥費用　♀地址
♥交通方式　P停車場　MAP地圖刊載頁數　ⓡ建議事先預約

※使用本書時，請先確認P.126的《本書使用注意事項》。

#藝術島嶼 #直島

草間彌生《紅南瓜》2006年 直島·宮浦港綠地

📍 紅南瓜 ▶▶ P.44

#用甜點犒賞自己
#滿滿的美味水果♪

📍 パーラー果物小町 ▶▶ P.31

#製作橄欖油 #體驗

📍 小豆島橄欖園 ▶▶ P.62

#瀨戶內的海鮮 #創意法國料理

📍 Riva ▶▶ P.21

WELCOME TO

Setouchi Islands
瀨戶內的島嶼

Onomichi 尾道

Get Ready!

Kurashiki 倉敷

#尾道 #貓的城鎮

📍 貓之細道 ▶▶ P.29

#自行車 #島波海道

📍 生口島 ▶▶ P.72

#紙膠帶 #聖地

📍 atiburanti ▶▶ P.111

#檸檬伴手禮 #種類豐富

📍 大三島Limone ▶▶ P.26

【 尾道 】

貓咪景點 ▶▶ P.28
坡道×寺院×貓是尾道的獨家風景。

超可愛♥

【 倉敷 】

倉敷美觀地區 ▶▶ P.104
悠然漫步於町家再生轉型成的咖啡廳及商店間。
情調滿分

➕ more Area

兒島 ▶▶ P.114
走訪著名牛仔褲產地兒島，製作一條獨一無二的牛仔褲！
日本的牛仔褲發源地

【 島波海道 】

絕景兜風 ▶▶ P.24
島波海道是超人氣的絕景兜風路線，從展望台眺望的景色更是不可錯過。
悠閒慢旅

親近海豚 ▶▶ P.80
把握難得機會，在日本最大的海豚農場和海豚一起互動遊玩♪
療癒度MAX

海鮮美食 ▶▶ P.82
用丼飯或燒烤等各種料理品嚐新鮮的瀨戶內海鮮。

新鮮美味♪

【 瀨戶內的藝術之島 】
PICK UP!

直島 ▶▶ P.44
以倍樂生之家 美術館為首，有眾多值得造訪的美術館。
現代藝術之島

豐島 ▶▶ P.48
騎上自行車走訪豐島美術館等完美融入自然之中的藝術景點吧。

美食之島

➕ more Area

小豆島 ▶▶ P.58
可在這片日本國產橄欖誕生之地參加製作橄欖油等體驗活動。

日本橄欖發源地

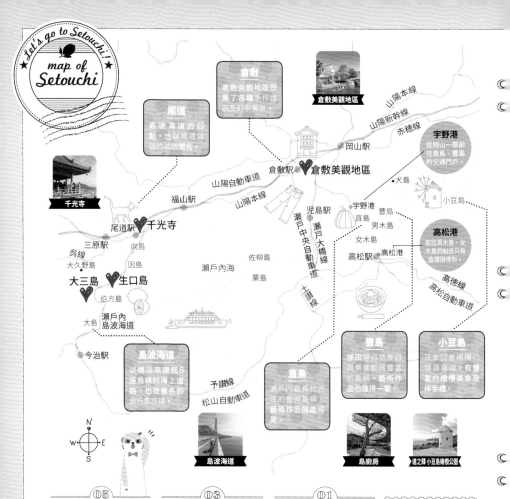

倉敷
倉敷美觀地區聚集了各種手作逸品及町家美食。

倉敷美觀地區

尾道
島波海道的起點，也以坡道與貓的城鎮聞名。

山陽本線
山陽新幹線
赤穗線

岡山駅

宇野港
從岡山一帶前往直島、豐島的交通門戶。

山陽自動車道

倉敷駅　♥倉敷美觀地區

犬島

小豆島

福山駅

山陽本線

千光寺

兒島駅

宇野港　豐島
直島　男木島
女木島

高松港
前往男木島、女木島的船班只有這裡搭得到。

尾道駅　♥千光寺

瀬戸大橋線

瀬戸中央自動車道

高松駅　高松港

高德線

三原駅　向島

呉線
大久野島

因島

佐柳島
粟島

瀬戸內海

高松自動車道

大三島♥生口島

伯方島

土讃線

大島

瀬戸內島波海道

今治駅

島波海道
以橋梁串連起6座島嶼的海上道路，也是著名的自行車路線。

予讃線

松山自動車道

直島
瀬戸內最具代表性的藝術島嶼，藝術作品隨處可見。

豐島
梯田等自然景觀與美食都很豐富的島嶼。藝術作品也值得一看。

小豆島
日本國產橄欖的發源島嶼，有豐富的橄欖美食及伴手禮。

N W E S

島波海道

島廚房

道之驛 小豆島橄欖公園

一定要確認回程船班的時間！
如果錯過了最末班船，就得在島上過夜，因此千萬要記得確認回程船班時刻。黃金週或連假時日李更是要多預留時間。

第一次造訪藝術島嶼一定要去直島
瀬戸內海上的許多島嶼都有優秀的現代藝術作品。首開此風氣、名氣最大的則是直島。戶外及美術館展示的作品都很有看頭！

如果想優閒暢遊請安排3天2夜以上
瀬戸內地區橫跨了廣島、岡山、愛媛、香川4個縣，景點分布範圍相當廣，建議1天去1個地方就好，玩得悠閒一點。

旅行的據點推薦選在尾道、倉敷、高松
瀬戸內海的島嶼上雖然有住宿設施，但數量相當有限。因此不妨在尾道、倉敷等觀光地住宿。四國的交通門戶、高松港周邊也有許多住宿設施。

前往每座島的方式各有不同
前往直島、豐島、小豆島等藝術島嶼唯一的方式是搭乘渡輪。至於島波海道是以橋梁相連，因此開車也能造訪。

往藝術島嶼就從岡山縣、香川縣；往島波海道就由廣島、愛媛縣啟程
要注意的是，旅程的起點會隨著要去哪個島而有所不同。若想去以藝術聞名的直島、豐島建議從岡山、香川；造訪島波海道則從廣島、愛媛前往。

行前小知識

瀬戸內地區有各式各樣的玩法，來趟藝術之旅或是島嶼兜風都是好選擇！以下是精心準備的實用交通&行程規劃資訊，絕對能讓你玩得更輕鬆盡興！

---

traffic

藝術島嶼上的移動方式
基本上是搭巴士或步行

小豆島以外的藝術島嶼道路並不寬，而且停車場不多，不建議開車。犬島、男木島、女木島步行就可以逛完，直島及豐島則是搭巴士或租自行車玩起來比較省省時省力。

---

traffic

往來各藝術島嶼的
唯一交通工具是船

直島、豐島等瀨戶內海的藝術島嶼之間並沒有橋樑相連，唯一的交通工具就只有船，大多由岡山縣的宇野港與香川縣的高松港出發。絕大多數航線1天都不到10班，因此一定要確認好時刻表。

---

check

尾道旅行的據點
選JR尾道站很方便

1樓的觀光服務處有工作人員常駐，「おのたびゲート」則介紹了尾道的特產。另外還有伴手禮店、餐飲店，2樓則有住宿設施及餐廳。

---

route

造訪尾道先搭乘
空中纜車前往山頂

尾道的景點主要分布於以JR尾道站東側的千光寺山為中心的靠山側。建議先搭

空中纜車上到山頂，然後沿途造訪古寺、小徑、咖啡廳，一路走回JR尾道站，玩起來會比較順。

---

traffic

玩小豆島可以搭
橄欖巴士

橄欖巴士是前往小豆島主要景點最方便的交通工具，使用可不限次數搭乘所有路線的自由乘車券更加划算。1日券￥1,000，2日券￥1,500。

---

eat

奈良萬の小路
集結了倉敷美食

奈良萬の小路是舊白井邸的古民家再生改裝成的美食景點，與江戶時代興建的舊奈良萬旅館中間只隔著一條小巷。這裡集結了和食、義大利菜、咖啡廳、酒吧等各種類型的餐飲店，使用來自高梁川流域及瀨戶內海等地的在地食材打造可口佳餚。

---

check

要在倉敷觀光的話
就先造訪倉敷館

倉敷館位在倉敷美觀地區中心，是建於大正6（1917）年的木造西式建築，目前作為觀光服務處、免費休息區使用。館內提供觀光資料，並設有展望景點。

---

traffic

搭乘「La Malle de Bois」觀光列車前往瀨戶內地區的門戶

「La Malle de Bois」是遊覽瀨戶內地區的藝術觀光列車，主要以週六日、假日為中心行駛（詳細時間請於官網確認）。自JR岡山站出發，開往宇野、尾道一帶的三原、日生、琴平等地。車上會販售與在地特產聯名的飲食及限定原創商品，並設置了自行車專用空間及藝術作品來妝點旅程。

🏠 https://www.jr-furusato.jp/

---

event

3年1度的盛會
瀨戶內國際藝術祭

瀨戶內國際藝術祭是每3年舉辦1次的現代藝術祭典，會場位於瀨戶內海的12座島嶼及2座港口。來自海內外的世界知名藝術家及新銳之秀皆聚集於此，製作、展示專屬於這裡的作品。

---

play

騎上自行車
前進島波海道！

島波海道無論在陸地或是橋樑都規劃了自行車道，是吸引全世界自行車愛好者造訪的人氣路線。沿線並有島波自行車綠洲（**▶P.71**）及自行車租借站，即使初次造訪也能安心。

3月	2月	1月	12月	11月	10月	9月	8月	7月	6月	5月	4月

紅葉美極了！

海邊有各式各樣的活動！

尾道的櫻花此時正美！

牡蠣（尾道）

眼張魚（尾道）

黃檸檬（瀨戶內）

真鯛（瀨戶內）

綠檸檬（瀨戶內）

鰆魚（倉敷）

橄欖鰤魚（香川）

借飯魚（倉敷）

蜜柑（島波海道）

海鰻（尾道）

牡蠣（尾道）

眼張魚（尾道）

黃檸檬（瀨戶內）

真鯛（瀨戶內）

鰆魚（倉敷）

借飯魚（倉敷）

> 廣島的牡蠣在日本國內市占率達6成，居全國之冠，1～2月更是最美味的時期！

> 廣島縣的檸檬產量是日本第一！綠檸檬是在皮尚為綠色時採收，酸味爽口、香氣清新。

> 瀨戶內海是日本數一數二的優異鯛魚漁場。在島波海道的來島海峽急流中生長的鯛魚更是以肉質緊實著稱，滋味不同凡響。

油菜花（小豆島）

紅葉（小豆島）

櫻花（尾道・倉敷・島波海道）

> 清純的白色花朵與蔚藍海洋相映成趣，構成了因島的春季風情畫。

> 橄欖會開出成群的乳白色小花。

除蟲菊（因島）

櫻花（尾道・倉敷・島波海道）

紫藤（倉敷）

橄欖（小豆島）

日出

	6:33	7:02	**7:10**	6:51	6:23	5:58	5:37	5:14	4:55	**4:53**	5:15	5:52

日落

	18:00	17:33	17:05	**16:54**	17:11	17:49	18:31	19:06	**19:20**	19:11	18:48	18:24

氣溫

max.

| 16.0 | | 9.3 | | 11.2 | 19.5 | 23.2 | 30.0 | 34.3 | 33.0 | 28.9 | 24.9 | 21.5 |
| | | | | | | 22.9 | 26.3 | | 25.4 | 20.2 | | |

min.

| 6.6 | 1.1 | 1.6 | 3.6 | | 10.7 | 14.7 | | | | | 15.3 | 11.4 |

30 / 25 / 20 / 15 / 10 / 5 / 0 (℃)

3月	2月	1月	12月	11月	10月	9月	8月	7月	6月	5月	4月

> 渡輪可能會因強風停駛，要多加注意。

> 由於天氣炎熱，別忘了補充水分及做好防曬。

> 開始插秧的初夏景觀賞梯田的最佳時節。

11月 1～3日 《尾道》一宮神社、尾道本通商店街等
尾道鬼神祭

12月 1日～1月初 《直島》宮浦港南瓜廣場
宮浦港燈飾

1月 1日 《生口島》耕三寺
耕三寺元旦會

2・3月 2月下旬～3月中旬 《倉敷》倉敷美觀地區
倉敷春宵點燈

10月 上旬 《小豆島》春日神社
中山農村歌舞伎

10月 中旬 《尾道》JR尾道站前周邊等
尾道燈節

10・11月 《小豆島》道之驛 小豆島橄欖公園
橄欖收穫祭

7月 半夏生之日 《小豆島》離宮八幡神社
肥土山地區送蟲

8月 中旬 《生口島》日落海灘
瀨戶田町夏祭

8月 下旬～9月初 《因島》因島大濱町 因島Amenity公園周邊
因島水軍祭

4月 4月下旬～5月中旬 《倉敷》兒島
兒島慶典 #纖維祭

6月 2023年為9・10・11月（舊曆4月21・22・23日）《大三島》大山祇神社
大山祇神社例大祭

※氣溫為2022年高松的平均數據（氣象廳）。日出、日落為該月1日之時刻（國立天文台）。當令食材及推薦內容等僅供參考。活動舉辦時間及內容可能會有變動，請事先確認。

Setouchi Islands 瀬戸內的島嶼
Onomichi 尾道
Kurashiki 倉敷

3天2夜全速運轉 盡情享受現在的瀬戸內！

瀬戸內的島嶼 +α 大滿足 **PLAN**

Let's Go!

確認能夠有效率地遊覽島嶼的計畫！再送上各種實用旅遊小提示！

第1天 ## 造訪憧憬的現代藝術島嶼·直島

POINT
美術館是必訪景點。從宇野港前往本村地區靠町營巴士就很方便。

9:54	🚃 JR岡山站	電車約1小時
11:00	🚢 宇野港出發	
11:20	🚢 抵達宮浦港	渡輪約20分

位於瀬戸內海的現代藝術聖地

色彩鮮豔的島嶼餐♪

Lunch!
11:30 先在古民家享用島嶼餐

APRON CAFE ≫P.47

12:30 漫步本村地區，感受融入在地聚落的藝術氣息

連路旁的門簾也有如藝術作品

本村地區 ≫P.44

草間彌生〈紅南瓜〉2006年 直島·宮浦港綠地

14:10 走訪分布在島上的美術館

別忘了戶外的創作！

紅南瓜 ≫P.44

18:00 於直島過夜 *good night!*

第2天 ## 前往小豆島探訪絕景與橄欖

POINT
小豆島有好幾個港口，可依時間決定要前往哪一個。在島上移動建議租車自駕。

08:40	🚢 宮浦港出發	高速船約30分
09:10	🚢 抵達高松港	
10:00	🚢 高松港出發	渡輪約1小時
11:00	🚢 抵達土庄港	

這就是日本的原初風景！

邊眺望梯田邊享用午餐！

11:15 開車兜風欣賞絕景

中山千枚田 ≫P.59

Lunch!
13:00 享用島上食材製作的午餐

こまめ食堂 ≫P.61

超適合拍照打卡♪

道之驛 小豆島橄欖公園
≫P.18·58·65

14:30 在充滿地中海風情的橄欖園拍美照

16:00 選購橄欖伴手禮！

從橄欖油到美妝品一應俱全

17:00	🚢 土庄港出發	渡輪約1小時10分
18:10	🚢 抵達新岡山港	
	巴士約40分	

於岡山站周邊的飯店過夜 *good night!*

井上誠耕園 mother's ≫P.63

第3天可以選擇去 倉敷 or 島波海道 or 尾道！

第3天 【 路線1 】 兼顧藝術與購物♪ 深入體驗**倉敷**的魅力

POINT
步行探索倉敷美觀地區是最佳選擇。

10:00	倉敷美觀地區散步
Lunch! 11:00	氣氛超迷人♪ 町家午餐
12:30	在大原美術館 欣賞巨匠的名作
Sweets! 14:00	水果×咖啡廳，小憩一下
15:00	把喜歡的紙膠帶& 手作雜貨帶回家
🚃 JR倉敷站	

倉敷美觀地區 ≫ P.104

delicious！

邂逅世界知名的藝術品

トラットリア自家製蕎麦 武野屋 ≫ P.108

還可以搭乘遊船！

大原美術館 ≫ P.106 ♪

外觀和味道 都很甜♡

くらしき桃子 総本店 ≫ P.31

林源十郎商店 ≫ P.110

如竹堂 ≫ P.112

第3天 【 路線2 】 踏上**島波海道**來趟暢快兜風

POINT
在岡山站周邊租好車後 就可以出發了！

滿滿的島嶼食材

10:30	在亀老山展望公園 飽覽絕景
Lunch! 11:30	海景咖啡廳的午餐時光
13:00	異國情調的耕三寺博物館(耕三寺)
Sweets! 14:30	來杯新鮮果汁小歇片刻
15:30	入手檸檬伴手禮
🚗 生口島南IC	

亀老山展望公園 ≫ P.25

觀景地點太棒了！

Bubuka·歩歩海 ≫ P.85

柑橘甜點 不可錯過

felice di tucca ≫ P.75

簡直就像來到了希臘！

耕三寺博物館 (耕三寺) ≫ P.19

檸檬蛋糕 是著名美食

島ごころ ≫ P.26・90

第3天 【 路線3 】 能感受貓、坡道、海洋風情的**尾道**懷舊散步

POINT
千光寺可搭乘空中纜車 前往。

Lunch! 11:00	選尾道拉麵來頓稍早的午餐
12:00	觀光的必訪景點！ 參拜千光寺&坡道散步
Sweets! 14:00	到懷舊風咖啡廳休息
15:00	留點時間選購尾道 在地好物
🚃 JR尾道站	

來尾道就要吃這個！

千光寺 ≫ P.92

尾道 最佳觀景地點

めん処みやち ≫ P.94

茶房こもん ≫ P.97

外皮酥脆， 內層鬆軟♪

工房尾道帆布 ≫ P.99

尾道帆布質感出眾！

再加上純樸的島嶼風光及藝術作品。

蔚藍海洋、豐饒綠意、

旅途中的驚喜與新發現

讓人難以壓抑悸動的心♪

現在可以讓你在瀨戶內 尾道 倉敷
感到快樂的事

Setouchi
makes me
Happy

《Liminal Air -core-》大卷伸嗣
高松港 ▶ P.68

怎麼拍都美 × 島嶼風光

踏上非日常的旅程

打卡分享熱點！絕對要造訪留下畫面

瀨戶內地區隨處皆有令人讚嘆的風景。以下就為大家介紹讓人驚呼「好像國外！」引起廣大關注的話題性絕景景點。

瀨戶內海閃耀的海面上有許多大大小小的島嶼，美麗的景色媲美地中海。充滿異國風情的絕美景點讓造訪此處的人們遠離平凡的日常，因而掀起熱潮。佇立於橄欖園間的風車、大理石庭園、融入島上風景的藝術作品等，盡是讓人忍不住瘋狂拍照的景點。「邊拍邊遊覽島嶼」，已經成為瀨戶內旅行的標準玩法。

對瀨戶內的島嶼無所不知的攝影師
Masanobu Mori

LOCAL's ADVICE

JUMP!

TAKE A PICTURE

希臘風車

蔚藍海水、蒼翠的橄欖園與風車形成完美構圖，光是這樣就宛如地中海

以風車與橄欖園為背景

盡情躍向天空吧

電影布景變身為雜貨店

橄欖冰淇淋蘇打 ¥500

漫步於約有2000棵橄欖樹的林陰道路

隨處皆有宛如繪畫的景色♪

道之驛 小豆島橄欖公園
みちのえきしょうどしまオリーブこうえん

占地遼闊，周遭有橄欖園圍繞，還設有餐廳、溫泉等設施。由於《魔女宅急便》真人版電影的布景被移建到這裡，現場還能免費出借「魔法掃帚」。現在最流行的就是像琪琪一樣騎上掃帚拍照喔！

發現橄欖色的郵筒！

郵便 POST

小豆島 MAP 附錄 P.7 C-3

☎0879-82-2200 休無休 ⏰8：30～17：00(視設施而異) ¥免費入園 ♀香川縣小豆島町西村甲1941-1 🚌オリーブ公園口巴士站步行7分 Ｐ200輛

※ 道之驛(道の駅)為日本各地方自治體與道路管理者合作設置、由國土交通省認證的休憩設施。具備「休憩」、「情報宣傳」、「地域合作振興」等機能。以融合休息站、旅客服務中心，在地觀光推廣等設施機能為特色。

新宮晋《波之翼》

真板雅文《往天空去》

色彩絢麗的山門迎接各位

華麗的孝養門重現了
日光東照宮陽明門

現代藝術作品
與瀨戶內海融為一體

📷 **TAKE A PICTURE**

**Belvedere
瀨戶田**

川上喜三郎的裝置藝
術作品。黃色在海水
與天空襯托下更顯耀
眼

📷 **TAKE A PICTURE**

未來心之丘

面積約5000㎡的大理
石庭園，宛如希臘神
殿的景觀在眼前出現

大理石打造而成的
純白世界令人感動！

也可以走進
作品內拍照

植松奎一《風息之時 赤紅形式/傾》

全島美術館
しまごとびじゅつかん

由創作者親自挑選設置地點，展
示從當地風景獲得靈感所創作出
的戶外藝術作品，共有17件。
作品大多位於海邊，成為了瀨戶
內海景色的一部分，十分壯觀。

生口島 ▶**MAP**附錄 **P.8 B-3．B-4**
☎0845-27-2210(尾道市瀨戶田支
所しまおこし課) 🚶自由參觀 ♀視
作品而異

※福岡道雄的作品《飛石》
因位於瀨戶田小學中庭，
參觀前請先聯絡校方

耕三寺博物館（耕三寺）
こうさんじはくぶつかんこうさんじ

耕三寺是耕三寺耕三作為其母的菩提寺所建，境內同
時也是日本知名建築的博物館，重現了日本各地的名
剎、古剎，其中15處為國家登錄有形文化財。大理石
庭園「未來心之丘」也附設了咖啡廳。

生口島 ▶**MAP**附錄 **P.9 D-4**
☎0845-27-0800 ⏱無休 🕘9:00～16:30 💴門票1,400
円 ♀広島県尾道市瀨戶田町瀨戶田553-2 🚌耕三寺巴士站即
達 🅿40輛

在咖啡廳
小憩♪

生切愛媛產
新鮮真鯛薄片
¥1,100
鯛魚是瀨戶內海代表
性的食材。海流孕育
出的彈嫩魚肉最適合
做成生切薄片

Special
2

島嶼西班牙
海鮮燉飯
¥2,300
分量約2人份。將海鮮
鮮味煮進米飯裡的極
品美食

吃得到魚貝類的
鮮味！

新鮮海產華麗變身為佳餚！

瀨戶內海海鮮 × 多國籍

的特色餐點

" 來到瀨戶內地區，
說到絕對要吃得美食，當然就是海味了！
以各種方式烹調的佳餚等你來品嘗♪ "

LOCAL's ADVICE

瀨戶內地區
旅遊書編輯
Haruka Tachibana

島嶼羊栖菜與
柑橘沙拉
¥800
今治產蔬菜與2種柑
橘、特製檸檬醬汁超
對味

店內洋溢摩登洗鍊的氛圍

得益於來自中國地區及四
國地區山地的豐沛養分灌
注，瀨戶內海成為了超過
400種魚貝類棲息的海鮮天
堂。無論做成生魚片、丼飯等
經典和食，還是橄欖油蒜味海
鮮、西班牙式海鮮燉飯等多國籍
料理都讓人食指大動。一道道
華麗誘人的特色美食送上餐
桌，妝點出艷麗的畫面。就用
你的眼睛與舌頭好好感受種類
豐富、變化多端的瀨戶內海鮮
的迷人魅力吧。

╲秉持地產地消理念呈現美味佳餚╱

風のレストラン
かぜのレストラン

能眺望瀨戶內海絕
景也是一種款待

位於Sunrise糸山自行車租借站內的餐廳。使
用當地捕獲的海鮮與蔬菜為主角製作出的各國
料理也香味俱全。餐廳位置絕佳，可欣賞來島
海峽大橋的景色。

今治 ▶ MAP 附錄 P.10 B-4
☎0898-41-3324 休 無休 ⏰7:00～20:50 ♀愛
媛縣今治市砂場町2-8-1 Sunrise糸山內 🚗今治北
IC 3km ₽45輛

MORE
RECOMMENDED

瑞可塔起司榛果蛋糕　¥600

滑順的瑞可塔起司
與榛果一同打造出
這道簡單美味的甜
點

店面位在複合餐飲設施奈良萬的小路內

油炸舌鰈
佐番茄文旦醬汁
¥2,050
一條魚可變化出多種
烹調方式。發揮番茄
與文旦酸味的醬汁很
清爽

Delicious

在當地被稱為
「ゲタ」(geta) 的高級魚

╲ 空間及料理都充滿倉敷風情 ╱

Riva
リーヴァ

倉敷美觀地區的江戶時代町家建築裝
修而成的餐廳。提供使用瀨戶內海的
海鮮（僅晚餐）及高梁川流域採收的
蔬菜製作的創意義大利料理。中午供
應全餐，晚間可以單點方式享用。

倉敷 ▶ MAP 附錄 P.15 C-1
☎086-434-0500 休週三 🕐11:30〜13:30、
18:30〜21:30 📍岡山県倉敷市阿知2-22-3-
2 1F 🚃JR倉敷站步行10分 🅿無

MORE
RECOMMENDED

生切真鯛薄片
¥1,700
能同時品嘗到下津井
捕獲的新鮮真鯛與岡
山縣產的蔬菜

餐桌上的橄欖油
可隨意使用

能眺望瀨戶內海
與橄欖園景色

充滿小豆島特色
的人氣餐點

MORE
RECOMMENDED

╲ 橄欖×島嶼食材堪稱絕配 ╱

忠左衛門
ちゅうざえもん

由橄欖農園井上誠耕園所經營的餐
廳。可一面欣賞瀨戶內海與橄欖園景
色、一面品嘗使用橄欖油與島嶼食材
烹調的料理。有義大利麵及橄欖油蒜
味海鮮等10種左右的餐點可選擇。

小豆島 ▶ MAP 附錄 P.6 B-3
☎0879-75-1188 休週二、三 🕐10:30〜
14:30 📍香川県小豆島町蒲生甲61-4らしく
本館 2F 🚃池田港步行10分 🅿70輛

忠左衛門原創
魚乾義大利麵 ¥1,350
使用小豆島特產的手擀Q彈
義大利麵以及魚乾製作的和
風蒜香辣椒義大利麵

義式牛肉薄片
¥3,630
甘甜的橄欖牛搭配紅酒醋吃
起來清爽可口

橄欖油
蒜味章魚
與自製麵包套餐
¥1,200
切成大塊的小豆島產
章魚鮮味及口感不同
凡響

※餐點食材會因應季
節變更

也會不定期舉辦工作坊或企劃展

LOCAL's ADVICE

《タウン情報まつやま》總編

Ayaka Uematsu

瀨戶內 × 葡萄酒 的美味結合

悠然釀製完成的葡萄酒，就宛如平穩的瀨戶內海。來看看這項嶄新的島上特產有何魅力吧。

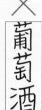

各位知道在大三島有一座葡萄酒莊讓棄耕的蜜柑園重生成為葡萄園，並在此栽種葡萄、釀造葡萄酒嗎？這座酒莊的負責人正是建築家伊東豐雄，島上還有一間以他命名的博物館。伊東豐雄發起了一項以發掘大三島魅力為目標的「島嶼振興營造計畫」，認同這項理念的居民及移居者因此聚集起來，投入葡萄酒釀造。目前除了最具代表性的「島白」、「島紅」兩個品牌外，還有使用在地蜜柑釀造的氣泡酒等，讓大三島展現出全新的魅力，成為各界矚目的焦點。

大三島みんなの ワイナリー ワイン販売所
おおみしまみんなのワイナリーワインはんばいしょ

大三島 ▶ MAP 附錄 P.11 D-4
☎0897-72-9377 休週一（逢假日則翌日休）🕙10:00～16:00 ♀愛媛県今治市大三島町宮浦5562 🚌大山祇神社前巴士站步行5分 P3輛

把大三島葡萄酒帶回家♪

由昭和時代初期建造的島上法務局裝修而成

OMISHIMA

有許多滿載回憶的商品！

從對島嶼的愛所誕生的葡萄酒

島白

A.常態銷售的葡萄酒有3～4種。另外還有用釀酒葡萄製作的大人口味果汁及汽水
B.葡萄酒也提供試喝（500円）　C.從葡萄園可以一覽瀨戶內海的風光　D.也設有能
用充滿回憶的心愛物品進行交流的以物易物區　E.由伊東豐雄創辦的伊東建築塾之
成員負責整修的建築物也值得關注

\\\ 這些景點**也務必check！**

2

3

1

大三島 憩の家
おおみしまいこいのいえ

這是位在大三島みんなのワイナリー釀造所
旁、由海邊的小學校舍改裝成的住宿設施，負
責裝修的是伊東建築塾。新建的西式客房泥牆
混合了大三島的紅土，讓人印象深刻，另外還
有可欣賞海景的展露天浴池等新設施。使用
在地海鮮製作的和食料理也值得一試。

大三島 ▶ **MAP** 附錄 P.10 B-2

☎0897-83-1111　🕐IN15:00 OUT10:00　🏨西
式客房1泊2食16,500円～　♀愛媛県今治市大三島
町宗方5208-1　🚗大三島IC 18km　🅿15輛

1.長廊及鋪設瓷磚的洗手台等許多地方都讓人感受到
昭和時代的氣息　2.讓徒步10秒就能抵達海邊的舊宗
方小學校舍重獲新生　3.西式客房共有5間，以紅褐色
為基調的色彩營造出暖意

島波海道 × 愜意兜風
看遍沿途美景

LOCAL's ADVICE

住在廣島的編輯兼寫手

Akane Sumida

島波海道（西瀨戶自動車道）是全長約60公里的海上道路，以9座橋梁串連起愛媛縣與廣島縣的6座島嶼。由於是絕佳的兜風路線，因此相當有人氣，從車窗望出去便是島嶼與海面交織成的絕景，被讚譽為「多島美」，可說是瀨戶內海得天獨厚的寶藏。讓我們順道造訪沿途的海景展望台及高質感咖啡廳，暢快地穿梭每座島嶼、踏上兜風之旅吧！

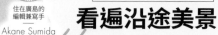

如果想欣賞瀨戶內的絕景，
沿島波海道兜風絕對是最佳選擇。
藍色的360度環景壯觀無比。

tips

DRIVE ADVICE
若一座島有南北2處IC的話，會是只能由單一方向上下的單向交流道，要多加注意。

來島海峽大橋
くるしまかいきょうおおはし

連接愛媛縣的今治與大島，是全世界首座3連吊橋，全長約4公里。

從這裡看到的絕景！

tsubuta SANK!
尾道
白瀧山
向島
Ｂ 大山祇神社
因島
生口島
大三島
伯方島
大島
來島海峽大橋
open cafe 遠見茶屋
今治
Ａ

夕陽時分也美極了♪

遠見茶屋的午餐

柑橘產品是經典伴手禮

沿著海岸奔馳！

4

島波海道愜意兜風

SETOUCHI MAKES ME HAPPY

\ 眺望五百羅漢與多島美 /

ⓒ 白瀧山
しらたきさん

海拔約226m的山頂可飽覽瀨戶內的多島美的景色。走到山頂的沿途中會看到約700尊的石佛、五百羅漢，另外也別錯過「戀愛岩」，據說摸了之後就能締結良緣！

因島 ▶ MAP 附錄 P.9 C-2
☎0845-26-6212（尾道市因島總合支所しまおこし課）　🕐自由參觀　♀廣島縣尾道市因島重井町　🚗因島北IC 3km　🅿30輛

> 也是著名的能量景點

> 有好多石佛！

\ 樹幹周長長達12m 的大樟樹！ /

> 室町時代重建的拜殿

\ 蒼鬱的大樟樹療癒人心 /

ⓑ 大山祇神社
おおやまづみじんじゃ

此處供奉的是天照大神之兄神・大山積神。神社內樹齡2600年的大樟樹是知名的能量景點，寶物館則展示了被指定為國寶及重要文化財的武器、盔甲，值得一看。

大三島 ▶ MAP 附錄 P.11 D-4
☎0897-82-0032　🈺無休　🕐神社自由參觀，寶物館8:30~16:30　💴寶物館門票1,000円　♀愛媛縣今治市大三島町宮浦3327　🚗大三島IC 10km　🅿使用周邊停車場

\ 將多島美盡收眼底的絕佳觀景點 /

Ⓐ 龜老山展望公園
きろうさんてんぼうこうえん

位在海拔301.1m的龜老山山頂，擁有島波海道數一數二的良好視野，是眺望來島海峽大橋及瀨戶內多島美的最佳選擇。由隈研吾所設計、完美融入周遭環境的展望台本身也是一大亮點。

大島 ▶ MAP 附錄 P.11 C-4
☎0897-84-2111（今治市吉海支所）　🕐自由參觀　♀愛媛縣今治市吉海町南浦487-4　🚗大島南IC 5km　🅿18輛

> 360度的超開闊視野！

> 採潛入式設計的展望台

順道造訪
旅途中的CAFE

\ 可吃到島嶼食材冰淇淋 /

tsubuta SANK!
ツブタサンク

提供使用柑橘及瀨戶內當令食材製作的自製冰淇淋。獨家特調咖啡及烘焙點心也是兜風時的良伴。

向島 ▶ MAP 附錄 P.9 C-2
☎080-3596-1101　🈺週二～四（逢假日則營業）　🕐咖啡廳7:00～日落（12～2月為8:30），冰淇淋販售10:00～日落 ♀廣島縣尾道市向島町15321-5　🚗向島IC 3km　🅿10輛

> 冰淇淋雙球￥600，各種瑪芬￥400，Tsubuta特調咖啡￥400

\ 位於展望台的絕景咖啡廳 /

open cafe 遠見茶屋

僅有開放式的露臺座，眼前便是多島美的絕景。午餐或飲料搭配絕景是最棒的享受。

大島 ▶ MAP 附錄 P.11 C-3
☎0897-86-2883（僅營業日）　🈺週四～六（逢連休之假日則營業），冬季休業　🕐10:00～15:00　♀愛媛縣今治市宮窪町宮產6363-1　🚗大島北IC 4km　🅿

> 位在海拔約200m處

> 看海、自駕兜風一次滿足♪

檸檬×伴手禮

買到失心瘋！

造訪瀨戶內一定要記得購入各式各樣的檸檬伴手禮。來看看有哪些必買的熱門商品吧！

可愛又好吃♪

瀨戶內地區不但是日本檸檬產量最多的地方，檸檬伴手禮現在更迎來了空前的熱潮！從甜點到調味料、利口酒等，各種帶有清新舒暢香氣的檸檬商品一應俱全。造訪瀨戶內地區一定要記得幾件造型可愛、滋味甜中帶酸的檸檬伴手禮回家。要不要挑件送禮自用兩相宜的商品呢？

LOCAL's ADVICE

喜愛檸檬的旅遊書編輯

Yoko Ideguchi

B 大三島義式檸檬酒
（200mℓ）¥2,100

喝起來微苦爽口的檸檬利口酒，素材的風味很紮實

B 滿滿檸檬三明治餅乾　1片¥310

酥脆餅乾中間夾著帶有檸檬香氣的巧克力奶油

SWEET

檸檬果皮做成的自製果醬是美味關鍵！

A 瀨戶田檸檬蛋糕島ごころ　1個¥250

香氣與甜味不同凡響的極品。是擁有濕潤口感的濃郁滋味

使用自家栽種檸檬打造出甜中帶酸的美酒與甜點

B 大三島Limone

おおみしまりモーネ

以有機、無農藥方式種植檸檬的農家經營的人氣商店。店面為古民家改裝而成，販售使用柑橘類製作的利口酒及甜點等，另外還有檸檬主題的雜貨。

大三島 ▶MAP附錄 P.11 C-2

☎0897-87-2131（僅供洽詢）　休週二、五
⏰11:00～17:00　♥愛媛縣今治市上浦町瀨戶2342
🚗大三島IC 4km　Ｐ1輛

A 島ごころ

しまごころ

販售使用日本國產檸檬發源地・生口島的瀨戶田檸檬製成的西式糕點及果醬。抓準盛產時節製作的招牌商品檸檬蛋糕更是極品！可內用，尾道本通商店街及尾道站也有分店。

生口島 ▶MAP附錄 P.9 D-4

☎0845-27-0353　休無休　⏰10:00～18:00　♥廣島縣尾道市瀨戶田町沢209-32　🚗生口島北IC 7km　Ｐ10輛

島上檸檬的
清新香氣讓人
身心舒暢!

果醬與布丁的
天作之合打造
清爽好滋味♡

D
海島芬芳香皂
檸檬 1個¥2,106

僅使用植物性油脂及
天然素材製成,散發
清新柔和的香氣

瀨戶內果實起司布丁
綠檸檬 1個¥432

瀨戶田的早收綠檸檬帶有
高雅酸味,非常推薦。與
起司布丁堪稱絕配

HIROSHIMA SPICE!
LEMOSCO

SPICY

E
LEMOSCO
1瓶¥562

檸檬果汁與皮、醋、
辣椒、藻鹽調製而
成!作為萬用的調味
料大大活躍

香醇爽口
的酸味與
辣味迸出
美味的火花

無農藥檸檬的
香氣療癒極了

D
海島檸檬精油 1瓶¥1,944

無農藥栽培的柑橘、香草等
萃取製成的精油。也有蜜柑
等其他種類

E 尾道ええもんや
おのみちええもんや

以來自尾道及島波海道的商
品為主,供應約500種商品
的物產店。檸檬伴手禮品項
豐富,經典到特色商品一應
俱全。

尾道 ▶ MAP 附錄 P.13 C-3
»P.98

D ONOMICHI U2
オノミチユーツー

可說是尾道著名地標的複合
設施,館內商店販售瀨戶內
地區生產的服飾及雜貨,質
感品味深受好評。

尾道 ▶ MAP 附錄 P.12 A-4
»P.102

E 博愛堂
はくあいどう

位在八朔橘的原產地‧因島
的和菓子店。除了使用名產
八朔橘製作的蕨餅,還有販
售使用瀨戶內檸檬製作的蛋
糕及甜甜圈。

因島 ▶ MAP 附錄 P.9 C-3

☎0845-22-5421 週日不定休 9:30～19:00
(週六為～18:00,週日、假日為10:00～17:00)
広島県尾道市因島土生町2085-10 因島南IC
5km P2輛

最喜歡曬太陽了喵

ZZZ...

到貓商品專賣店購物

ねこ雑貨とものづくり体験のお店
あめかんむり
ねこざっかとものづくりたいけんのおみせあめかんむり

這間雜貨店位在尾道本通商店街，販售雜貨、飾品、器皿等約200件的貓咪商品。除了可以買到廣島伴手禮外，2樓還有進行手作體驗的空間。

尾道 ▶ MAP附錄 P.13 C-3
☎ 080-7550-5715　休 週三、四
🕐 10:00〜18:00　📍 広島県尾道市久保1-1-17　JR尾道站歩行15分　P無

以和紙製成的原創飾品各 ¥3,190

OKONEKO
尾道3景明信片
3張1組 ¥451

和紙飾品製作體驗 ¥2,970。也能做成貓咪造型

與圖文創作者聯名推出的人氣系列

像貓咪般悠閒穿梭巷弄間

尾道 × 巷弄
× 貓咪景點
備受療癒 ♥

尾道有「貓咪聖地」之稱。想不想像是被貓給邀請似地，悠閒自在漫步於小巷間呢？

LOCAL's ADVICE

廣島的攝影師兼寫手
Yuki Shinohara

MEOW

尾道是一座被山海圍繞的坡道城市。近年來成為了知名的「貓咪聖地」，走進縱橫交錯的巷弄內，隨處可見貓的身影。貓咪慵懶地曬著太陽，與同伴一起玩耍，自由自在悠閒度日的可愛模樣療癒極了。

另外還有美術館、商店等各種與貓有關的景點。「貓」絕對是造訪尾道不可忽略的關鍵字。

WELCOME TO MY HOUSE & GARDEN

栩栩如生的貓咪作品

還有貓咪雜貨！

\在只有丁點大的空間中/
販售各式麵包的小麵包店

香蕉麵包很適合當作點心
¥170

口感稍硬的義式脆餅（小）
¥140〜

樸實美味的樹莓夾心麵包
¥180

由於是人氣名店，建議早點造訪

ネコノテパン工場
ネコノテパンこうじょう

位在迷宮般巷弄內的小麵包店，販售吐司、點心麵包等20〜30種麵包。種類豐富的義式脆餅是伴手禮的好選擇。

尾道 ▸ MAP附錄 P.12 B-3
☎050-6864-4987 休週二、三
🕐10:00〜16:00 📍廣島縣尾道市東土堂町7-7 🚶JR尾道站步行15分 Ｐ無

\鑑賞充滿個性的招財貓/
招財貓美術館in尾道
まねきねこびじゅつかんインおのみち

狹小的古民家內，約3000尊的招財貓一起招財納福的不可思議空間。收藏了年代久遠或僅此一件、來自日本全國各地的珍貴作品。出自福石貓的創作者園山春二之手的招財貓也值得一看。

尾道 ▸ MAP附錄 P.13 C-3
☎090-3033-2348(福本) 休不定休
🕐10:00〜17:00 ¥門票300円
📍廣島縣尾道市東土堂町19-26
🚶JR尾道站步行15分 Ｐ無

館內免費提供作為紀念品的祈願符與明信片

全日本的招財貓齊聚一堂的景象十分壯觀

貓之細道的代表性存在。據說摸摸福石貓的頭3次可招來福氣

貓之細道共有108隻福石貓！

每隻的表情都不一樣

福石貓是藝術家園山春二在圓形石頭上畫出來的

光是漫步就充滿驚喜♪

無論往左走還是往右走都能拍得超美！

\各種貓咪作品藏身於小徑/
貓之細道
ねこのほそみち

貓之細道是自艮神社直直往上走到底，朝左右延伸約300m的小路。這條充滿懷舊氣氛的小路有許多貓咪造型的藝術作品，不妨邊走邊找看。

尾道 ▸ MAP附錄 P.13 C 3
☎090-7122-2960(園山) 自由參觀
📍廣島縣尾道市東土堂町 🚶JR尾道站步行15分 Ｐ無

倉敷極品甜點 × 美味水果

的甜美誘惑

Special 7

岡山縣受惠於溫暖的氣候，是日本著名的水果產地，因此倉敷有許多以使用滿滿水果製作的甜點著稱的咖啡廳，無論味道或品質都好得沒話說，吸引許多顧客從外地慕名而來。

岡山夏天到秋天最具代表性的水果是白桃及麝香葡萄，冬天到春天則有草莓及柑橘等，一年四季都能品嘗到各種不同的水果。在充滿日式浪漫風情的倉敷，盡情享用誘人的水果甜點吧。

在倉敷停留時，絕不可錯過只有水果王國吃得到的極品甜點！以下為你精心挑選出在地人都說讚的3間名店。

加入岡山產當令果汁製成的原創霜淇淋！

葡萄芭菲

(7月中旬～2月中旬前後)

¥1,980

能吃到2～3種岡山產葡萄，自製葡萄冰淇淋也美味極了。

PARFAIT
芭菲

最具代表性的倉敷甜點當然就是芭菲！甜美誘人的造型超適合拍照打卡。

草莓芭菲

(11月下旬～6月中旬前後)

¥1,870

從冰淇淋到配料都是滿滿草莓的奢華芭菲

造型也賞心悅目♪

滋味高雅濃郁

RECOMMEND

本日水果芭菲

¥1,000

高級當令水果搭配滿滿原創水果霜淇淋的極品！

蘋果芭菲

(11月上旬～12月下旬)

¥1,045～

以焙茶熬煮契作農家送來的美味蘋果

甜味
清新高雅♡

CAKE
蛋糕

既有鬆餅，
也有起司蛋糕。
優雅地品嘗以水果為主角
的每道甜品。

e
鬆餅
佐季節水果
¥1,000

分量十足，感覺就
像在吃水果蛋糕

也能享受
新鮮的香氣

YUMMY

A
晴王麝香葡萄
義大利圓頂蛋糕
(9月上旬～3月下旬)
¥1,210

海綿蛋糕內夾著一
顆又一顆的麝香葡
萄

e
生起司蛋糕
佐季節水果
¥900

甜味高雅的果實與
起司蛋糕一同譜出
美味樂章

GIFT & TAKEOUT
禮品 & 外帶

季節的美味
全都鎖在裡面。
不分季節都能享用
也是重點所在。

口味超濃郁

B
手工果醬
(右)草莓×奇異果
(大罐)
¥1,296
(左)白桃果醬
(小罐)
¥534

吃得到水果香甜滋
味的人氣商品，口
味隨季節更換

A
義式冰淇淋雙球
¥648

使用縣產水果的自
家製品。桃子、麝
香葡萄口味一整年
都吃得到

╲ 岡山第一家水果咖啡廳 ╱

e パーラー果物小町
パーラーくだものこまち

講究使用岡山縣產當令水果製作的
芭菲及鬆餅等正統水果咖啡廳餐點
約有20種。可欣賞竹林庭園景色
的GARDEN席十分熱門！

倉敷 ▶ **MAP** 附錄 P.15 C-3

☎086-425-7733 休週一(逢假日則翌
日休) ⏰11:00～17:00 ♀岡山縣倉敷
市中央1-4-22 くらしき宵待ちGARDEN
東棟 ♨JR倉敷站步行15分 🅿無

╲ 充滿倉敷風情的町家咖啡廳 ╱

B 三宅商店
みやけしょうてん

由屋齡約150年的町家裝修而成的咖
啡廳，包括夏天的水蜜桃、秋天的葡
萄等，出名的芭菲1年會換8次菜單。
特製咖哩及自家製蛋糕也不可錯過。

倉敷 ▶ **MAP** 附錄 P.15 C-2

☎086-426-4600 休無休 ⏰11:30～
17:30(週六為11:00～18:00，週日為
10:30～17:00，假日為11:00～17:00，
視季節而異) ♀岡山縣倉敷市本町3-11
♨JR倉敷站步行15分 🅿無

╲ 水果芭菲來這裡吃就對了！ ╱

A くらしき桃子 総本店
くらしきももこそうほんてん

蔬果店所經營的人氣咖啡廳&商
店。使用岡山縣產水果為主的芭菲
全年加起來有30種以上，常態供
應的口味也有4種以上。

倉敷 ▶ **MAP** 附錄 P.15 C-2

☎086-454-6611 休無休 ⏰10:00～
17:00 ♀岡山縣倉敷市中央1-3-18
♨JR倉敷站步行15分 🅿無

MUST VISIT

瀨戶內旅行時「絕對要造訪」之處就是這裡！

完美融入周遭景色的藝術作品、能吃到滿滿島嶼食材的美食等，瀨戶內海的島嶼充滿了獨一無二的魅力。趕快登船出發，展開島嶼旅行吧。

P.44 » 直島（紅南瓜）

草間彌生《紅南瓜》2006 年 直島・宮浦港綠地

P.58 » 小豆島（道之驛 小豆島橄欖公園）

P.50 » 島廚房

P.54 » 女木島（海鷗的停車場）

MUST SEE,

The best spot of the Setouchi trip is here!

P.55 》 女木島（女木島Beach Apart）

P.62 》 小豆島橄欖園

P.46 》 直島（Cafe Salon 中奥）

P.58 》 小豆島（太陽的贈）

木村崇人打造的《海鷗的停車場》

搭乘渡輪或高速船前往

ART ISLANDS

走遍瀨戶內海充滿藝術氣息的小島！

in Setouchi

除了被譽為「藝術島嶼」的直島及豐島，周邊島嶼也有許多值得一看的藝術作品！集風景與美食等各種魅力於一身的小豆島同樣不可錯過。

直島隨處都能與藝術邂逅！

福田港
大部港
田港
草壁港
坂手港

ABOUT
認識瀨戶內海的藝術島嶼
自從開始舉辦瀨戶內國際藝術祭，瀨戶內海的島嶼就出現了大量現代藝術作品及美術館，如今已成為吸引全世界遊客造訪的地區。

道之驛 小豆島橄欖公園
>> P.18・58・65

ACCESS >> 只能搭船前往
各島嶼間並沒有橋梁相連，僅靠定期船班往來。
※ 島上的移動方式請參閱各島的頁面

Rikuji Makabe的作品《男木島 路地壁畫企畫 wallalley》
在男木島上許多地方都看得到

BEAUTIFUL & FUN

橄欖樹搖曳的度假園區
小豆島
SHODOSHIMA P.58

小豆島是日本最早成功栽種橄欖的地方。除了橄欖，還有醬油、麵線等眾多特產。

〔 出發PORT 〕
新岡山港 ｜ 高松港 ｜ 唐櫃港等

小豆島伴手禮
>> P.64

直島展覽館 所有者：
直島町 設計：藤本壯介建築設計事務所
攝影／福田ジン

現代藝術×島嶼熱潮的先驅
直島 NAOSHIMA `P.44`

倍樂生之家 美術館、地中美術館等引發熱烈討論的美術館都在這裡，是藝術島嶼的始祖。

〔出發PORT〕
宇野港｜高松港｜家浦港

草間彌生《紅南瓜》2006年 直島・宮浦港綠地 》P.44

豐富的自然景觀與多樣化的藝術
豐島 TESHIMA `P.48`

島上目前還保留著古早時期的生活樣式，豐島美術館及瀨戶內國際藝術祭相關作品等都值得一看。

〔出發PORT〕
宇野港｜高松港｜土庄港｜犬島港等

安部良(建築)《島廚房》》P.50品嘗在地好滋味

在使用犬島花崗岩製作的椅子上小歇片刻

保留了近代化產業遺跡的小島
犬島 INUJIMA `P.57`

犬島過去曾因出產石材而繁榮，目前則有美術館及戶外展示的藝術品。

〔出發PORT〕寶傳港｜家浦港

瀨戶內海運的中心要地
本島 HONJIMA `P.57`

洋溢鹽飽水軍的歷史與情懷的街道被保存下來。

〔出發PORT〕
丸龜港｜兒島觀光港

造訪特色郵局
粟島 AWASHIMA `P.56`

漂流郵局及浮標做成的藝術品是島上的亮點。

〔出發PORT〕
須田港｜宮之下港

漂流郵局 》P.56

瀨戶郵便局
00.00.00

有如迷宮的島嶼美術館
男木島 OGIJIMA `P.52`

走入密布在斜坡上的聚落尋訪藝術作品。

〔出發PORT〕高松港

Jaume Plensa《男木島之魂》

前往男木島、女木島只能從高松港搭船！

高品質小魚乾的產地
伊吹島 IBUKIJIMA `P.57`

可以看到以島上特產小魚乾為主題的現代藝術作品。

〔出發PORT〕觀音寺港

與四國陸地相連的小島
沙彌島 SHAMIJIMA `P.57`

位於瀨戶大橋橋頭，位置絕佳。

鬼島傳說的舞台
女木島 MEGIJIMA `P.54`

海邊及鬼島大洞窟都可看到藝術作品。

〔出發PORT〕高松港

禿鷹墳上《20世紀的回想》

地圖標示

新岡山港

寶傳港

宇野港

土庄港
土庄東

家浦港｜唐櫃港

直島(本村)港

宮浦港

高松港｜高松東港

坂出港

丸龜港

多度津港

宮之下港
須田港

觀音寺港

現代藝術的聖地
倍樂生藝術場
直島
》P.36

現代藝術×瀨戶內海島嶼。邂逅就是從這裡開始的

造訪倍樂生之家 美術館

「倍樂生藝術場直島」的核心就是這個「倍樂生之家 美術館」。在作為島嶼 × 現代藝術的先驅而受到矚目的美術館,沉浸於獨一無二的世界觀之中。

❝運用五感感受一期一會的現代藝術❞

倍樂生之家 美術館
ベネッセハウス ミュージアム

以「自然、建築、藝術的共生」為概念而誕生。一部分展示作品是從成為展示場所、出自安藤忠雄設計的建築物,以及從大自然獲得靈感創作出來的。這些專屬於直島的場域特定藝術作品將永久設置在此。

🏷️ 直島　▶MAP 附錄 P.4 B-2

☎ 087-892-3223　休 無休
🕐 8:00～20:00　¥ 鑑賞費1,300
円(含Valley Gallery門票)　♀ 香
川縣直島町琴弹地　🚌 ベネッセハ
ウス ミュージアム下巴士站即達
🅿 5輛(住宿旅客專用)

館內空間開闊,充滿自然光。作品展示於地下1樓至地上2樓

直島最具代表性的藝術作品之一。草間彌生《南瓜》
2022年 ©YAYOI KUSAMA 攝影/山本糾

可眺望瀨戶內海景色,視野極佳

STUDY

倍樂生藝術場
直島是?

倍樂生藝術場直島是倍樂生控股與福武財團以瀨戶內海的直島、豐島、犬島為舞台所推動的藝術活動之總稱。在瀨戶內海的自然環境及地域文化中設置現代藝術作品及建築,打造出各種場域、提供特別的空間與體驗。

https://benesse-artsite.jp/

以3座島嶼為舞台,吸引了全世界藝術愛好者的目光

INUJIMA

TESHIMA

NAOSHIMA

能同時飽覽風景的戶外作品

設施周邊的森林或海岸線也設有作品。隨著時間推進而改變的樣貌也不可錯過

大竹伸朗位於海邊的作品《船塢之作 船尾與洞》
攝影／村上宏治

飯店周邊也有許多作品。Niki de Saint Phalle《坐》
攝影／渡邊修

誕生於直島、專屬直島的作品

KEYWORD 場域特定藝術作品

場域特定藝術作品是指藝術家專為某個地點製作的作品。以直島的大自然為意象，或是使用在地材料製作等，表現手法十分多元。直島的室內、戶外許多地方都設置了場域特定藝術作品，儼然成為了島上景觀的一部分。

攝影／山本糾

Richard Long《瀨戶內海漂流木之圓》／《瀨戶內海雅芳河泥之環》

擷取直島自然的細膩設計

KEYWORD 安藤忠雄建築

由建築界的巨匠安藤忠雄所設計。充滿其個人特色的清水模工法打造出的簡約空間，能感受到自然光、海洋、植物的氣息。

完美展現與自然和諧共存的概念
攝影／山本糾

攝影／渡邊修

Jannis Kounellis《無題》

藝術氣息CAFE&伴手禮 Check!

眺望瀨戶內海讓身心都放鬆一下

美術館咖啡廳
ミュージアムカフェ

攝影／大林直治

店內空間開闊，可欣賞瀨戶內海的景色。享用輕食及飲品之餘，還可細細回味感動的餘韻。

休 無休 10:00～16:30

光線透過大片的窗戶灑落室內

直島及博物館限定商品都很充實

美術館商店
ミュージアムショップ

攝影／大林直治

位在倍樂生之家 美術館的2樓，直島相關書籍及藝術商品是伴手禮的好選擇。

休 無休 10:00～17:00

店面附設於咖啡廳

66 展現藝術×自然變化多端的風情 99

Museum No.01

豐島 **豐島美術館**
てしまびじゅつかん

這間由藝術家內藤禮與建築家西澤立衛所打造的美術館，有如水滴般、完全沒有柱子的造型令人印象深刻。因為是從開口處直接引入光線、風、雨的設計，讓這裡隨著時間的流逝與季節更迭展現出截然不同的面貌。

豐島 ▶ MAP 附錄 P.5 B-1
☎0879-68-3555 休週二（12～2月為週二～四，逢假日則翌日休，週一逢假日則週二開館、週三休）⏰10:00～16:30（10～2月為～15:30），事前預約制 ¥觀賞費1,570円 📍香川縣土庄町豐島唐櫃607 🚌豐島美術館前巴士站即達 🅿10輛

內部可欣賞到以水打造的作品《母型》

內藤禮《母型》2010 攝影／森川昇

以恢弘的規模為傲

走訪位於直島、豐島、犬島的這5間美術館，親自見證引領日本國內外藝術潮流的作品。

代表性的5大美術館

面積40×60m，最高處高4.5m的壯闊空間

內藤禮《母型》2010 攝影／森川昇

（上）將建築物埋入地下是為了避免影響到瀨戶內的美景
攝影／藤塚光政

（右）Walter De Maria《Time／Timeless／No Time》2004
攝影／Michael Kellough

66 堪稱自然×建築×藝術 傑作的美術館 99

Museum No.02

直島 **地中美術館**
ちちゅうびじゅつかん

由安藤忠雄所設計，建築物大部分位於地下。充滿自然光的空間展示了莫內等3位藝術家的作品。這些作品呈現的樣貌會隨時間而變化，無論造訪這裡幾次，都會有新的發現。

直島 ▶ MAP 附錄 P.4 A-2
☎087-892-3755 休週一（逢假日則翌日休）⏰10:00～17:00（10～2月為～16:00），事前預約制 ¥門票2,100円 📍香川縣直島町3449-1 🚌地中美術館巴士站即達 🅿60輛

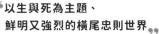

❝以生與死為主題、鮮明又強烈的橫尾忠則世界❞

(上)「生與死」是橫尾忠則的作品最根本的主題　(右)建築出自永山祐子之手。彩色玻璃讓作品呈現出不同的樣貌
攝影／2張皆為山本糾

Museum No.03

豐島 **豐島橫尾館**
てしまよこおかん

將家浦的民家重新裝修,在「主屋」、「倉庫」、「雜物間」等處展示 11 件橫尾忠則的作品。於石庭、水池、圓柱狀的塔呈現的裝置藝術也十分有深度。

豐島 ▶ MAP 附錄 P.5 A-1

☎0879-68-3555(豐島美術館)　休週二(12〜2月為週二〜四,逢假日則翌日休,週一逢假日開館、週二閉館、週三休)　🕙10:00〜16:30(10〜2月為〜15:30)　💴門票520円　♀香川縣土庄町豐島家浦2359　🚢家浦港步行5分　🅿無

Museum No.04

直島 **ANDO MUSEUM**
アンドウミュージアム

位於本村地區、屋齡約100年的木造民宅凝集了安藤忠雄的建築及其世界觀。過去與現在、木頭與混凝土、光與暗等對立的元素在此空間相互交疊共存。

直島 ▶ MAP 附錄 P.4 B-2

☎087-892-3754(福武財團)　休週一(逢假日則翌日休)　🕙10:00〜16:00　💴觀賞費520円　♀香川縣直島町736-2　🚌役場前巴士站步行3分　🅿無

❝安藤建築的集大成建築物本身即作品❞

外觀與內部的反差令人訝異
攝影／山本糾

築的魅力
建築物的細節也蘊含著安藤忠雄建
攝影／淺田美浩

攝影／井上嘉和

欣賞完後可在附設的咖啡廳繼續回味

以「活用現有之物,創造沒有之物」為概念

❝近代化產業遺跡脫胎換骨為再生藝術❞

以敲響近代化警鐘的三島由紀夫為概念。柳幸典《Hero乾電池／Solar Rock》2008
攝影／2張皆為阿野太一

Museum No.05

犬島 **犬島精鍊所美術館**
いぬじませいれんしょびじゅつかん

忠實保留了煉銅廠的煙囪、熔渣磚等原有面貌,並賦予新生命。在此可欣賞到三分一博志所打造,使用自然能源、不對環境造成負擔的建築,以及柳幸典的藝術作品。

犬島 ▶ MAP 附錄 P.5 B-4

☎086-947-1112　※於倍樂生藝術場直島官網確認　🕙9:00〜16:00　💴觀賞費2,100円(與犬島「家藝術項目」共通)　♀岡山縣岡山市東區犬島327-4　🚢犬島港步行5分　🅿無

ART × SETOUCHI · 代表性的美術館

島上聚落有如揮灑創作的畫布

藉由「"家"藝術項目」磨練感性

於直島與犬島展開的「家藝術項目」是以島上聚落及住宅作為舞台。
一邊接觸人們的生活與島嶼日常、一邊悠閒漫遊也很有意思。

閃爍晃動的數字訴說著歷史與時間

角屋
かどや

屋齡約200年的住宅設置了125個數位計數器，於水面晃動閃爍的數字讓人感受到時間的流逝。計數器的速度是由島上居民設定。

攝影／鈴木研一

由2001年4月以前都還是私人住宅的空間改裝而成

（上）使用灰泥、燒杉板、瓦片重新翻修　攝影／上野則宏　（下）宮島達男《Sea of Time '98》攝影／鈴木研一

寬15m的大作令人不禁屏息

石橋
いしばし

作品舞台為過去因製鹽而發達的石橋家。描繪瀑布的《The Falls》寬達15m，是千住博的代表作。以岩彩繪成的10幅拉門畫《崖》系列也十分壯觀。

"家"藝術項目
いえプロジェクト

直島 ▶ **MAP** 附錄 P.4 B-1

☎087-892-3223（倍樂生之家）
🕐10:00～16:30《KINZA》為預約制）
🈺週一（逢假日則翌日休）💴共通門票（除《KINZA》外之6處）1,050円，單點門票（除《KINZA》外）1處 420円
📍香川縣直島町本村地區　🚌農協前巴士站即達　🅿無

☑ OTHER SPOT
南寺｜碁會所｜KINZA《預約制》

🈺週一～三　🕐10:30～13:00、14:30～16:30(10～2月 為10:00～13:00、14:30～16:00)　💴觀賞費520円

拜殿、本殿隨時皆可參拜。杉本博司《Appropriate Proportion》
攝影／杉本博司

有如走進混沌之中的設計 散發強大氣場

牙醫之家
はいしゃ

過去原本是牙醫診所兼住宅的建築拼貼上了照片及廢材等。裝置藝術《女神的自由》等各種作品令人印象深刻。

大竹伸朗《舌上夢／墨痕窺視》　攝影／鈴木研一

神社×藝術的神祕世界

護王神社
ごおうじんじゃ

自江戶時代開始祭祀的護王神社經杉本博司設計後重建。穿過漆黑的地下道再走上玻璃階梯會來到本殿下方。地上的光線照射進來的景象充滿神祕氣息。

以強烈的色彩表現島上風景與生命感

A邸
ェーてい

Beatriz Milhazes《Yellow Flower Dream》2018

攝影／井上嘉和

使用透明壓克力打造的環狀藝廊，能夠體驗從中庭至展示空間與島上風景的連續性。犬島大自然中的幾何圖形等被描繪成為虛擬風景加以表現。

STUDY

"家"藝術項目是什麼？

"家"藝術項目

整修直島本村地區的空屋及神社，讓空間本身成為作品的藝術計畫，目前共有7處。

犬島「"家"藝術項目」

於犬島的聚落設置5處藝廊等，讓人感受島上的美麗風光與居民的日常生活。

表現新的生命形式

F邸
エフてい

緊鄰神社的民宅翻修而成。名和晃平以動物及植物為意象創作的藝術作品及雕刻等，以生動的手法展示於庭院等各個角落。

出自建築家妹島和世之手的設計也值得一看
攝影／Takashi Homma

犬島「家藝術項目」
いぬじまいえプロジェクト

犬島 ▶ MAP 附錄 P.5 B-3

☎086-947-1112 預於倍樂生藝術場直島官網確認 ⏰9:00～16:30 💴觀賞費2,100円（與犬島精錬所美術館共通） 📍岡山県岡山市東区犬島 🚶犬島港步行5分 🅿無

☑ OTHER SPOT
C邸｜I邸｜石職人的家跡

攝影／Takashi Homma

透過鏡片重新認識島上的新風景

S邸
エスてい

無數的圓形鏡片就像是隱形眼鏡般，透過鏡片望出去，周遭的民宅及自然景觀都將變得不一樣，提醒了我們眼前這個世界的多樣性。

荒神明香《隱形眼鏡》2013

走進浴室便會看見大
象的擺設。也別忘了
留意浴池地板及水龍
頭上的藝術作品。
4件皆為大竹伸朗
直島澡堂「I♥湯」2009
攝影／渡邊修

**❝沉浸於細節都讓人
目不轉睛的大竹伸朗世界❞**

寄物櫃及牛奶櫃等設施也一應俱全

運用全身感受作品

「住宿」、「入浴」
帶來全新藝術體驗

讓人以全身感受藝術的住宿設施與
獨特的入浴體驗是直島專屬的特色。
進入作品的世界，度過絕無僅有的特別時光吧。

直島澡堂「I♥湯」
なおしませんとうアイラヴゆ

以日本各地蒐集而來的素材拼貼而成的外
牆及霓虹燈招牌等，美術家・大竹伸朗的
世界就此開展而出。不僅是內部裝潢，就
連浴池和廁所便器等處也都能看到充滿玩
心巧思的藝術作品。

`直島` ▶ `MAP` 附錄 P.4 A-2
☎087-892-2626（直島町觀光協會）　♀香川県
直島町2252-2　♥宮浦港步行3分　🅿無

`♨入浴DATA`
休週一（逢假日則翌日休）
🕐13:00〜20:30
¥觀賞（入浴）費660円

提供日本國內外訪客與
島上民眾交流的場域

在瓷磚上作畫是大竹伸朗的首度嘗
試。獨特的風格十分吸引人

" 住進憧憬的安藤建築之中
新藝術的魅力讓人大開眼界 **"**

（左）公園大套房的客房　（下）天氣
好時還能遠眺瀨戶大橋及四國山地

倍樂生之家 公園
ベネッセハウス パーク

安藤忠雄的作品中少有的木造旅館。
從充滿木質暖意的客房能夠望見擺設
於草坪上的多件戶外作品以及瀨戶內
海的多島美。欣賞公園內的作品並感
受作品在白天、夜晚呈現出的不同面
貌是住宿旅客的專屬特權。

直島 ▶ **MAP** 附錄 P.4 B-2

☎087-892-3223　♀香川県直島町琴弾
地　🚌宮浦港搭乘專用巴士車程10分
🅿27輛（住宿旅客專用）

🛏 住宿DATA

🕒IN15:00~OUT11:00
💴雙床房35,420円～
※金額為2人住宿時之房價

入夜後籠罩在寂靜之中

造訪「露臺餐廳」
享用美味餐點

早餐為自助式，晚餐提供法國料理（皆
需額外付費）

＼ CLOSE UP! ／

**僅住宿旅客
有緣欣賞的作品**

連接接待櫃台及餐廳棟的
迴廊等處展示了Antony
Gormley、杉本博司等藝術家
的作品。

杉本博司以「鎮魂的空間」為主題的作品《光之棺》

攝影／杉本博司

其他住宿設施也一併 *Check!*

除了公園以外，倍樂生之家還有3處不同概念的住宿設施，
由於十分受歡迎，建議及早預訂。

攝影／藤塚光政

夜晚的倍樂生之家
美術館

美術館

位於美術館內，「最接
近作品」的旅館。雙床
房￥44,275～

橢圓形場

位於山丘上，需搭單軌電
車前往的獨特空間，僅6間
客房。雙床房￥67,045～

海灘

位置靠近瀨戶內海，所有
客房皆為大套房。雙床房
￥84,755～

※金額為2人住宿時之房價。博物館與橢圓形場無不開放5歲以下的孩童住宿。住宿旅客參觀倍樂生之家 美術館可免費入館

COOL!

拍美照的首選！港口著名地標

紅南瓜
ART
あかかぼちゃ

在宮浦港最先映入眼簾、象徵直島的藝術作品。還可以走進裡面，從圓孔處露出臉，是絕佳的拍照地點。夜晚點亮燈光時充滿了夢幻氣氛。

草間彌生《紅南瓜》2006年
直島・宮浦港綠地

直島 ▶ MAP 附錄 P.4 A-2
☎ 087-813-0853（瀨戶內國際藝術祭實行委員會事務局）
自由參觀 香川縣直島町宮浦港2249-49 宮浦港即達 P無

NAOSHIMA

直島
なおしま

集結了蔚為話題的美術館
現代藝術 × 島嶼熱潮的最大推手

直島是受到全世界矚目的現代藝術之島，聚集了眾多呈現壓倒性世界觀的美術館及裝置藝術，島上隨處可見知名的藝術作品。

—— TRANSPORTATION ——

🚌 巴士
每小時有1、2班從宮浦港至終點「つつじ莊」的町營巴士，搭乘1次￥100。前往本村在「農協前」下車較方便。

🚲 出租自行車
選擇騎自行車在島上移動也很方便。宮浦港與直島（本村）港皆有出租自行車。1日￥500～（電動輔助自行車￥1,000～）。

—— POINT ——

1. 本村地區有許多餐廳，但不少店較早打烊，要注意營業時間。
2. 旺季時巴士會出現人潮擁擠的狀況，建議多預留一些時間。

地圖（左下角）
直島（本村）港
直島港（本村）
琉海崎
本村地區
直島 Hall 角崎
姬泊山
尾島鼻
直島つり公園
直島町ふるさと海の家
つつじ莊

下船後或等船的時候都很有趣！
港口周邊不可錯過的
SPOT巡禮

抵達宮浦港後，只要走幾步路馬上就有知名景點。
可以拍出一張又一張美照與商店都讓人心情超嗨！

位於直島（本村）港的候船處。由SANAA所設計

藝術的蹤跡無所不在！

攝影／青地大輔

& MORE

漫步於懷舊的街道♪
本村地區也值得一訪

能夠一窺島上日常生活、別具風情的聚落。「家藝術項目」（▶ P.40）在此也有作品。

連同房屋一起設計的門簾也是藝術的一部分

由建築家三分一博志所設計

直島Hall
ART
なおしまホール

直島 ▶ MAP 附錄 P.4 B-2
☎ 087-892-2882（直島町教育委員會） 僅能在外自由參觀 香川縣直島町696-1 役場前巴士站即達 P7輛

攝影／Shigeo Ogawa

直島Hall 所有人：直島町
設計：三分一博志建築設計事務所

島內的戶外藝術作品也很有看頭

SANAA設計的椅子

導覽看板也與作品融為一體

把設計得很可愛的島上伴手禮帶回家！

海之驛「NAOSHIMA」
SHOP
うみのえきなおしま

造型時尚的港口休息站，附設觀光服務處及咖啡廳。位置鄰近宮浦港，搭船前別忘了來買島上特產當伴手禮。

直島 ▶ MAP 附錄 P.4 A-2

☎087-892-2299（直島町觀光協會）　休無休　⏰特產販售所9:00～18:00，觀光服務處8:30～18:00，咖啡廳10:00～18:30（11月中旬～3月中旬為～18:00）　♀香川県直島町2249-40　🚌宮浦港即達　🅿10輛（限停1小時以內）

出自SANAA之手的建築也廣受關注！

想在直島住宿的話就選這裡

充滿異國情調，可以住宿的濱海公園

直島町ふるさと海の家 つつじ荘
STAY
なおしまちょうふるさとうみのいえつつじそう

3種客房之中最受歡迎的是移動式的蒙古包。提供清新舒適的住宿環境，讓人在海浪聲中醒來。另外還有和風小木屋及露營拖車房型。

直島 ▶ MAP 附錄 P.4 B-2

☎087-892-2838　⏰IN 15:00／OUT 10:00　¥1泊2食8,140円～　♀香川県直島町352-1　🚌つつじ荘巴士站即達　🅿使用公共停車場

大海就在眼前！

寬敞舒適，附有床鋪♪

散步途中可順道一訪的咖啡站

ミカヅキショウテン
SHOP

由倉庫改裝而成的外帶專用咖啡站，可以喝到配合瀨戶內海地區氣候所挑選的精品咖啡。

直島 ▶ MAP 附錄 P.4 A-2

☎087-813-1322　休週四（逢假日則調整）、不定休　⏰8:30～17:00（視季節而異）　♀香川県直島町2291-5　🚌宮浦港步行3分　🅿無

鹽甜甜圈（6個裝）¥660

SOLA SHIO ¥500

懷舊氛圍

（左起）美式（HOT）¥500，拿鐵（ICE）¥600

直島鹽貓舌餅乾（10片裝）¥640

雀躍的漂浮感！港口的新地標

直島展覽館
ART
なおしまパヴィリオン

作品的製作概念為27座島嶼構成的直島的「第28座島」，營造出海市蜃樓般的感覺。也可以走進裡面觀賞！

直島 ▶ MAP 附錄 P.4 A-2

☎087-813-0853（瀨戶內國際藝術祭實行委員會事務局）　自由參觀　♀香川県直島町宮浦港　🚌宮浦港步行3分　🅿無

NAOSHIMA

直島町

ミカヅキショウテン

海之驛「NAOSHIMA」

宮之浦地區

牛ノ子島

宮浦港

紅南瓜

直島展覽館

李禹煥美術館

地中美術館

倍樂生之家 美術館

ベネッセハウス（ミュージアム）

所有人：直島町　設計：藤本壯介建築設計事務所　攝影：／福田ジン

感受古民家的迷人氣氛♡

午餐時間就前往私房CAFE

藝術作品巡禮後的午餐，就到分布於島上的古民家享用吧。
帶領各位前往靠近「家藝術項目」（》》P.40）作品的人氣私房咖啡廳。

和風空間內陳設著店
主蒐集來的古董家具
及雜貨

宛如自家般
的空間

穿過小巷走往
農田後方

《鬆軟
鬆軟》》

距離《南寺》
步行3分

A.位在農田後方　B.能喝到
悉心沖泡的手沖咖啡　C.自
在愜意的和式空間

MENU
鬆軟滑嫩蛋包飯
佐自家製番茄醬
（午餐套餐B）
¥1,500
套餐附自製馬鈴薯沙
拉、飲料、甜點

完整呈現
素材的美味！

SWEETS

紫薯起司蛋糕￥400。能吃
到使用在地蔬菜及水果製作
的蛋糕

位於農田深處的古民家咖啡廳

Cafe Salon 中奧
カフェサロンなかおく

當地出身的店主運用古董家具等布置屋齡約70年的民家，
再生打造成懷舊風格的空間。以鬆軟雞蛋包住薑黃飯的
極品蛋包飯是午餐時段的人氣美食。飯後就來份自家製甜
點及帶有迷人果酸與香醇滋味的原創特調咖啡，悠閒地度
過。

直島 ▶MAP 附錄 P.4 B-2

☎087-892-3887 ●週二、不定休 ⏰11:30～15:00、17:30～
20:40 ♀香川縣直島町1167 ♞役場前巴士站步行5分 🅿無

離《KINZA》非常近

SWEETS

以米粉做成的抹茶蛋糕￥450，
夏天則有豆漿冰淇淋等，因應
季節推出不同甜點

也有榻榻米房間及露
臺座，放鬆的空間感

品嘗島嶼的慢食文化餐點

玄米心食 あいすなお

げんまいしんしょくあいすなお

提供營養滿分的糙米飯與使用大量在地蔬
菜製作的樸實餐點。甜點講求自然，不使
用雞蛋、白砂糖、乳製品，對身體比較溫
和。屋齡90年的老房子散發穩重恬靜的
氛圍。

直島 ▶**MAP** 附錄 P.4 B-1

☎087-892-3830 **休**週一、不定休 **營**11:00
～15:00 **♀**香川縣直島町761-1 **♥**農協前巴
士站即達 **P**無

MENU
あいすなお套餐
￥1,000
能吃到熟成糙米、當
令蔬菜製作的配菜及
黃豆味噌湯

醒目的門簾很有特色。對
面是民宿「島宿 あいすな
お」

NAOSHIMA

午餐時間就前往私房CAFE

離《角屋》非常近

A.店面位於住宅區，由庭園內深處
的某入口進入 B.有大片窗戶的沙
發是特等席

&MORE

隱身於古民家內的
麵包店

由一對夫妻打理、氣氛溫馨的店內空
間陳列約20種麵包。麵包是用顧慮身
體健康的食材及天然酵母製成，吃起
來安心又美味。

紅豆麵包￥280，香
蕉麵包￥350等。使
用數種由水果等培
養出的酵母製作

pan tocori
パントコリ

直島 ▶**MAP** 附錄 P.4 B-2

☎087-892-2003 **休**週一、二、
不定休 **營**8:00～日落左右 **♀**香
川縣直島町本村3299-26 **♥**直島
港(本村)步行7分 **P**無

SWEETS

Happy Scones附直島
SOLASHIO奶油￥400
（外帶）。圖為蔓越莓&椰
子～附果醬～。吃起來外皮
酥脆，內層濕潤

使用滿滿健康蔬菜的島嶼料理

APRON CAFE

エプロンカフェ

擁有管理營養師證照的女主廚配合季
節推山的午餐深受好評。食材是由主
廚親自採購，並每季構思必要的營養
等再決定菜色。每天早上烘烤、口感
濕潤的司康是招牌美食。

直島 ▶**MAP** 附錄 P.4 B-2

☎090-7540-0010 **休**週一、四、不定休
營11:30～14:30(視季節而異)
♀香川縣直島町本村777 **♥**農協前巴士站
即達 **P**無

MENU
當季特製午餐
￥1,580
本日主菜為煎豬排。
也可選擇魚類料理

此處介紹的店家皆位於本村地區，可在欣賞「家藝術項目」(▶▶P.40)等作品之餘順道造訪。

自然及店家都迷人！

眺望島嶼風景的豐島自行車之旅

深受大自然眷顧的豐島，無論藝術或美食都與環境完美融合，造就其獨特魅力。騎上自行車感受島上自然的脈動，走訪島上吸引人的景點吧。

START
家浦港
渡輪與高速船的上下船地點，也有觀光服務處。

NAVI　在豐島橫尾館 &針工廠附近　即達

在SETOUCHI Karen租自行車

提供電動輔助自行車與電動機車租借，可免費寄放行李。

■豐島　▶MAP 附錄 P.5 A-1
🕐8:30～17:00(受理租借為～15:30)
💴電動輔助自行車1天1,800円(不收現金)　♥香川県土庄町豐島家浦2140-9
📱https://www.setouchi-karen.com/

家浦地區
いちご家
いちごや

能吃到使用自家農園栽種的草莓所製作的芭菲等。酸酸甜甜的草莓刨冰一年四季都有供應。

■豐島　▶MAP 附錄 P.5 A-1
☎0879-68-2681　休不定休
🕐12:00～17:00（週六、日、假日為11:00～）　♥香川県土庄町豐島家浦2133-2　🚶家浦港步行3分　🅿2輛

草莓農家經營的甜點專賣店

滿滿新鮮草莓芭菲￥780

草莓牛奶冰(M)￥680

伴手禮也要CHECK

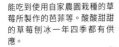

草莓醬汁 550円

草莓果醬 550円

約25分

唐櫃地區
唐櫃清水
からとのしみず

位於清水神社境內的湧泉，相傳為弘法大師所挖掘，目前也依舊提供給附近的農田灌溉使用。

■豐島　▶MAP 附錄 P.5 B-1
☎無　🆓自由參觀　♥香川県土庄町豐島唐櫃　🚏清水前巴士站即達　🅿無

用美味的泉水來解渴吧

在島上近距離接觸珍貴的湧泉

TESHIMA

豐島
てしま

豐富自然景觀與藝術、美食齊聚在此

豐島位在小豆島與直島之間，以憑藉肥沃土壤與豐沛水源孕育出的農作物及瀨戶內海的海產著稱。戶外的藝術作品及美術館也是一大亮點。

TRANSPORTATION

🚌 巴士
行駛家浦港～甲生集會所前、家浦港～唐櫃港的町營巴士1天有4～7班，搭乘1次¥200。

🚲 出租自行車
連接家浦港與唐櫃港，路程約4.5km的縣道255號沿途有許多景點，是很受歡迎的自行車路線。由於有許多坡道，建議租借有電動輔助功能的款式。

POINT

主要對外門戶為家浦港與唐櫃港。高松港出發可前往家浦港，宇野港則與兩個港口間皆有航班往來。

沒入瀨戶內海的美麗夕陽

島上歷史悠久的石牆

騎車前往唐櫃梯田

無人勝出—多重籃框

TESHIMA

唐櫃港
唐櫃梯田
豐島美術館

家浦港
◯◯いちご家
SETOUCHI Karen

土庄町

●針工廠

空之粒子
唐櫃
唐櫃清水

48

HIGHLIGHT

唐櫃梯田
（唐櫃地區）
からとたなだ

因瀨戶內國際藝術祭而讓此處的
梯田重獲新生，每年秋天都會舉
辦收穫祭。

豐島 ▶ MAP 附錄 P.5 B-1

☒無 ⬛自由參觀 ♥香川縣土
庄町豐島唐櫃 🚌豐島美術館前
巴士站即達 🅿無

Beautiful

每次造訪都會
發現不同的風情

與瀨戶內海的藍色相映成趣的
恬靜梯田風光

TESHIMA
豐島自行車之旅

Llobet & Pons

**無人勝出—
多重籃框**
（唐櫃地區）
しょうしゃはいないマルチバスケットボール

位於唐櫃港附近的公園。
裝了很多籃框，可以隨心
所欲用自己喜歡的方式選
擇要投哪一個。

約10分　NAVI 在豐島美術館附近！

豐島 ▶ MAP 附錄 P.5 B-1

☎087-813-0853（瀨戶內國際藝
術祭實行委員會事務局）⬛自由
參觀 ♥香川縣土庄町豐島唐櫃
🚌唐櫃港步行5分 🅿使用唐櫃港
停車場

出現在公園內，
不可思議的籃球架

籃板為豐島
的形狀

讓人們藉此機會
抬頭仰望天空

與島上景觀融為一體
的風格簡約作品

約6分

Noe Aoki

空之粒子／唐櫃
（唐櫃地區）
そらのりゅうしからと

相互連接的圓形雕刻有
如飛舞在空中的粒子，自
然而然地融入眼前的島
嶼景色之中。

豐島 ▶ MAP 附錄 P.5 B-1

☎087-813-0853（瀨戶內國際藝
術祭實行委員會事務局）⬛自由
參觀 ♥香川縣土庄町豐島唐櫃
🚌清水前巴士站即達
🅿無

GOAL

家浦港
在SETOUCHI Karen還
車後就去搭船吧。

約30分

即達

49　藝術作品及景點皆在巴士站步行就能到的範圍內，因此也可以選擇搭町營巴士移動。

感受豐島的恩惠♡

也能飽覽美景!用**島嶼午餐**來充電

豐島是食材的寶庫,過去甚至足以自給自足。
快來享用來自各個島上農家的蔬菜及瀨戶內海的海鮮等奢華的在地食材♪

在周遭附有圓形屋頂的開放式露臺,度過放鬆愜意的時光
©安部良《島廚房》攝影／Osamu Nakamura

享受完藝術作品與島嶼時光後,就來享用島上的料理

與在地民眾交流也是樂趣之一♪

於2010年的瀨戶內國際藝術祭誕生

也有可欣賞戶外風景的桌席

LUNCH

MENU
島廚房套餐
¥1,760
能吃到島上耕種的蔬菜及酥炸鯛魚等

島廚房
しまキッチン
安部良(建築)

料理都是媽媽們親手製作

可在建築家安部良所打造的建築物內品嚐島上風味。圍繞建築物的開放式露臺營造出舒適的空間,其圓形屋頂也讓人印象深刻。菜色為東京丸之內飯店的主廚與島上的媽媽們所構思。僅週六~一、以及假日營業,請多加留意。

▶豐島 ▶MAP 附錄 P.5 B-1
☎0879-68-3711 困週二~五(逢假日則營業)
🕐11:00~16:00(用餐為~14:00) ♀香川県土庄町豐島唐櫃1061 ♥唐櫃岡集会所前巴士站步行3分 Ⓟ無

享用瀨戶內海
帶來的恩惠

在坐擁美麗海景的露臺座

入口處種植了許多香草植物，還有花朵盛開

海のレストラン
うみのレストラン

位於海邊的餐廳，開放感與海風都讓人感到十分舒暢。料理使用新鮮採收的自家菜園蔬菜與花園裡的香草製作。能吃到島上漁夫送來的海鮮及在地蔬菜水果等豐島的當令食材。

豐島 ▶ **MAP** 附錄 P.5 A-1

☎0879-68-3677 休不定休 ⏰11:00～14:30、18:00～19:30 📍香川縣土庄町豐島家浦525-1 🚌家浦港步行15分 🅿10輛

食堂101号室
しょくどうイチマルイチごうしつ

這間咖啡廳提供的是以蔬菜為主的樸實料理。閃亮亮午餐將5道左右的菜色集中於一盤，相當有分量。完美展現食材滋味的簡單料理培養出了許多忠實顧客。晚餐僅提供預約制全餐。

豐島 ▶ **MAP** 附錄 P.5 B-1

☎無 休不定休 ⏰11:30～15:30(18:00～19:30須至少於2個營業日前預約) 📍香川縣土庄町豐島唐櫃1053 🚌唐櫃岡集会所前巴士站步行3分 🅿無

運用屋齡約80年的民家的飲食空間

可欣賞中庭的簷廊是特等席

滿滿蔬食的餐點
在充滿意趣的古民家品嘗

MENU

豐饒之島
當令野菜蔬食盤餐
¥1,320

使用當令蔬菜製作，每天菜色不同

蔬菜就種在餐廳旁的菜園

晚霞的好選擇

咖啡廳酒吧
CHECK!

發酵專家所打造的咖啡廳酒吧

Commune 発酵 Cafe&Bar+Stay
コミューンはっこうカフェアンドバープラスステイ

將靠近唐櫃港的老宅再生改裝而成，提供結合了島上在地食材與日本傳統發酵食品的餐點。

豐島 ▶ **MAP** 附錄 P.5 B-1

☎050-7119-8036 休不定休(細節請於社群媒體確認) ⏰17:00～21:00 📍香川縣土庄町豐島唐櫃2644 🚌唐櫃港步行5分 🅿2輛

也可以住宿

法式涼拌紅蘿蔔絲
¥350等

尋找巷弄內的藝術作品
踏上宛如迷宮的坡道之島

目標是融入自然景觀與日常生活、分布於各處的巷弄藝術作品。
石板小路及海邊呈階梯狀分布的聚落也成為了藝術的一部分！

COLORFUL

從坡道眺望的
景色也超美♪

豐玉姬神社旁的坡道
等地都看得到！

男木島
おぎじま

高低起伏的小路！
帶著探險的心情尋訪藝術

男木島上遍布著縱橫交錯的小路與
坡道。整座島周長約4km，可以在此
與隱身於民宅間、妝點古民家的藝術
作品，以及閒適恬靜的海景相遇。推
著手推車的阿嬤及貓咪慵懶休息的
模樣也是島上日常風景的一部分。

--- TRANSPORTATION ---

步行

島上幾乎沒有平地，大多是坡道，因此
步行移動是理想的。藝術作品及咖
啡廳也集中在坡道區域。

--- ADVICE ---

1. 由於沒有大眾運輸工具，基本
   上都是步行，請記得穿好走的
   鞋子。

2. 島上沒有便利商店，建議在高
   松市買好飲料等旅途所需物品後
   再搭船。

①
民家牆壁化為活潑的藝術作品！

Rikuji
Makabe
男木島 路地壁畫企畫 wallalley
おぎじまろじへきがプロジェクトウォールアレイ

在島上蒐集到的廢棄木材及廢船上描
繪出風景的剪影，設置於民家外牆。
色彩繽紛卻不顯得突兀，完美融入在
地景觀，為巷弄間的散步增添樂趣。

男木島 ▶MAP附錄 P.5 A-4
☎087-813-0853（瀨戶內國際藝術祭實
行委員會事務局）🕐自由參觀 📍香川縣
高松市男木町 🚶男木港步行5分 🅿無

COLUMN ⑦
別忘了來山坡上的烘焙坊咖啡廳看看！

由熱愛旅行的夫妻所經營

ダモンテ商会
ダモンテしょうかい

自家製小麥麵包等使用在地
食材製作的料理能凸顯食材
本身的好滋味。

男木島 MAP附錄 P.5 A-4
🈚無 🈳不定休
🕐10:30〜17:00 📍香川縣
高松市男木町 1916 🚶男木
港步行3分 🅿無

很推薦當成伴手禮！

午餐套餐
¥900
（價格會有更動）

穀麥
（堅果＆
香料）
¥650

穀麥
（晨間特選）
¥650

自行改裝
屋齡約100年
的雜物間

高松市
男木町

男木港
豐玉姬神社 ⑥

CLOSE UP!

由「めおん」
及「めおん2」
兩艘渡輪載運

③ 翻轉世界打造出不可思議的藝術空間

大岩奧斯卡爾

房間裡的房間
へやのなかのへや

民宅裡出現了翻轉90度的房間！地板變成牆壁等有如錯覺藝術般的空間設計十分有意思。紙門上色彩鮮豔的油畫也值得一看。

男木島 ▶ **MAP** 附錄 P.5 A-4
攝影／Yasushi Ichikawa
☎087-813-0853（瀬戸內國際藝術祭實行委員會事務局） 🚫不定休（參閱瀬戸內國際藝術祭官網） ¥觀賞費300円 ♀香川縣高松市男木町1752-2 🚶男木港步行7分 🅿無

② 將想像的世界與瀬戸內的風景結合

大岩奧斯卡爾
＋坂茂

Ogijima Pavilion
おぎじまパビリオン

以瀬戸內海景色為背景，將窗戶當作畫布，描繪瀬戸內地區的意象。當玻璃窗重疊在一起時就會形成一幅畫。紙筒打造的建築是由坂茂所設計。

男木島 ▶ **MAP** 附錄 P.5 A-4
攝影／Keizo Kioku
☎087-813-0853（瀬戸內國際藝術祭實行委員會事務局） 🚫不定休（參閱瀬戸內國際藝術祭官網） ¥觀賞費300円 ♀香川縣高松市男木町 🚶男木港步行5分 🅿無

⑤ 充滿藝術氣息的島嶼服務處

Jaume Plensa

男木島之魂
おぎじまのたましい

位於港口的男木島之魂是島上最具象徵性的作品，屋頂處8種語言的文字設計非常有特色。這裡目前就當地的交流館＆觀光服務處，也有販售渡輪的船票。

男木島 ▶ **MAP** 附錄 P.5 A-4
☎087-813-0853（瀬戸內國際藝術祭實行委員會事務局） 🚫無休 🕐自由參觀（交流館為6:30～17:00） ¥免費參觀 ♀香川縣高松市男木町1986 🚶男木港即達 🅿無

地面的光影也很有藝術感！

Good Location

COLUMN 7

豐玉姬神社 ⛩

分布在島上各個角落！

⑤ 男木港 渡輪搭乘處

④ 於古民家內調和的聲與光

Akinori Matsumoto

Akinorium
アキノリウム

在古民家的1樓可以欣賞使用竹子製作的音響雕塑影畫，在2樓則能近距離觀看與屋梁合為一體、不斷進行自動演奏的音響雕塑。

男木島 ▶ **MAP** 附錄 P.5 A-4
☎087-813-0853（瀬戸內國際藝術祭實行委員會事務局） 🚫不定休（參閱瀬戸內國際藝術祭官網） ¥觀賞費300円 ♀香川縣高松市男木町 🚶男木港步行5分 🅿無

攝影／Yasushi Ichikawa

⑥ 以舊約聖經中的「挪亞方舟」為意象

山口啟介

步行方舟
あるくはこぶね

作品位在男木島南端的漁港，靈感來自挪亞方舟的故事。想要表現出東日本311大地震災禍平息後向前邁出步伐的意念。

攝影／Kimito Takahashi

男木島 ▶ **MAP** 附錄 P.5 A-4
☎087-813-0853（瀬戸內國際藝術祭實行委員會事務局） 🕐自由參觀 ♀香川縣高松市男木町浦／谷515-1先 🚶男木港步行15分 🅿無

以花崗岩打造的西式燈塔「男木島燈塔」周邊在2月時會開滿水仙花。

《20世紀的回想》
平台鋼琴會隨波聲
演奏音樂

禿鷹墳上

大手是比民宅屋頂
還要高的石牆

約300隻可愛的海鷗
迎接遊客到來

木村崇人
《海鷗的停車場》
カモメのちゅうしゃじょう

別忘了
拍照喔！

港口旁防波堤上約有300隻的海鷗
裝置一字排開，非常壯觀。受到海
風吹拂時，海鷗會一齊改變方向，
讓人用眼睛就能看出風的走向。

女木島 MAP 附錄 P.4 B-4

☎087-813-0853（瀬戸内國際藝術祭實行
委員會事務局） 🕐自由參觀 🈲12～3月
停止展示 📍香川県高松市女木町15-22
🚏女木港即達 🅿無

色彩活潑又繽紛

造訪鬼島上的 可愛景點

桃太郎故事的舞台．鬼島出現了許多五彩繽紛的裝置藝術及
景點。與閒適的海島風光形成的對比值得關注。

懷舊風電影院像是走入時光隧道

依田洋一朗
ISLAND THEATRE MEGI
「女木島名畫座」
アイランドシアターメギめぎじままめいがざ

倉庫內設置了35席座位與銀
幕，打造出繪畫與影像的裝置藝
術，重現了舊日時光的美國電影
院。

攝影／Yasushi Ichikawa

MEGIJIMA

女木島
めぎじま

留下鬼島傳說與
巨大石牆的島嶼

女木島是離高松港最近的島，
據說是桃太郎故事中鬼島的原
型。被稱為「大手」的高聳石
牆為島上著名景觀，是為了抵
擋季風而建。

〜〜〜 TRANSPORTATION 〜〜〜

🚌 巴士
1天有9班巴士行駛於高松市鬼島鬼
之館與鬼島大洞窟之間，車程約10分
鐘。單程￥500，來回￥800。

🚲 出租自行車
於高松市鬼島鬼之館可租借自行車，
1天￥600起。電動輔助自行車1天
￥1,500。

〜〜〜 POINT 〜〜〜

1. 作品集中在自港口步行15分鐘
的範圍內，可以一路散步過去。

2. 若要前往鬼島大洞窟，搭乘配
合船班到港時間發車的巴士較
為便利。

MEGIJIMA

女木島
(鬼島)

鬼島大洞窟

高松市

女木港

女木島 ▶ MAP 附錄 P.4 B-4

☎087-813-0853（瀬戸内國際藝術祭
實行委員會事務局） 🈲不定休（參閱瀬
戸内國際藝術祭官網） 📍香川県高松
市女木町231 🚏女木港步行5分
🅿無

占據了小學中庭的植物展現旺盛生命力

＆MORE

❀ 從港口搭10分鐘的巴士 ❀
❀ 前往鬼島大洞窟！ ❀

據說是過去有鬼島惡鬼棲息的洞窟。深約400m、面積約4000㎡的洞窟內各處展示著鬼的塑像及作品。

想像自己是桃太郎
走向洞窟深處

陰暗的洞窟內是「鬼的宴會廳」！

鬼島大洞窟
おにがしまだいどうくつ

女木島 ▶MAP 附錄 P.4 B-3

☎087-840-9055（鬼島觀光協會）
休無休 🕐8:30～16:40
💴門票600圓 ♀香川縣高松市女木町2633 🚌洞窟前巴士站即達
🅿2輛

港口也有
鬼在迎接

Oninoko Production
《鬼瓦計畫》
攝影／Kimito
Takahashi

攝影／2張皆為渡邊修

漆成螢光色的校園內四處可見大竹伸朗繪製的獨特瓷磚畫，細節處也十分鮮豔

大竹伸朗
《女根／Mecon》
めこん

女木島上自然生長的巨大椰子樹聳立於紅色浮標上，周圍則布置了鱷魚造型的作品等，打造出充滿大竹伸朗個人特色的奇異風格。植物的生命力也令人感到震撼。

女木島 ▶MAP 附錄 P.4 B-4

☎087-892-2550（福武財團） 休於倍樂生藝術場直島之網站➡P.36確認
🕐9:20～16:30 💴觀賞費510円
♀香川縣高松市女木町236-2 女木小學校
🚶女木港步行5分 🅿無

在女木島
住宿就選這裡吧！

共有5種客房！

坐擁超美景觀！海邊的度假風旅館

女木島ビーチアパート
めぎじまビーチアパート

入選百大海水浴場的美麗海灘近在眼前，位置絕佳。可在此自在愜意地度過絕無僅有的獨特島嶼時光。

從港口步行7分鐘
認明藍色大門！

女木島 ▶MAP 附錄 P.4 B-4

☎無 🕐IN 15:00／OUT 10:00 ♀香川縣高松市女木町453-1 🚶女木港步行7分 💴包棟住宿方案、不住宿方案32,600円～ 🅿1～3輛
🌐https://www.kitahama-sumiyoshi.com/megi/

開闊的公用客餐廳

LET'S TRY

寄封信到漂流郵局吧

除了在漂流郵局直接投遞外，也可以在其他地方將信寄到漂流郵局。但要注意的是信件不會歸還。

我是田中局長

蒐集寄不到的信與內心話的郵局

漂流郵局
ひょうりゅうゆうびんきょく

過去的郵局成為了藝術作品，保管不知道寄送對象的信件，蒐集了來自日本各地無法訴說出來的內心話。

栗島 ▶ MAP 附錄 P.4 A-4
🚫 無 📅 每月第2、4個週六的13:00〜16:00 💴 免費入館 📍 香川縣三豐市詫間町栗島1317-2 🚶 栗島港步行5分 🅿 無

A.復古的外觀令人印象深刻 B.任何人都可以閱讀寄到漂流郵政信箱的信

我是島上知名的浮標藝術品喔！

復古建築帶你走入時光隧道

懷舊的島嶼時光

栗島是看起來宛如螺旋狀的小島，島上訴說著過往歷史的建築及藝術都值得一看。新舊元素交織的景色令人感動不已！

AWASHIMA

粟島
あわしま

散發歷史、文化氣息的北前船停靠港

粟島是由沙洲相連的3座島構成，過去作為北前船停靠港而興盛一時。日本第一所海員養成學校舊址現在成為了觀光名勝。

TRANSPORTATION
🚲 出租自行車
粟島港附近有無人自行車租借站，1天¥500。

ADVICE
1. 粟島城過去所在的城山展望台視野極佳，風景非常壯觀！
2. 海螢觀賞行程也很受歡迎，觀賞季為5〜10月。

三豐市

AWASHIMA

粟島港

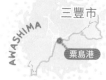

栗島 ▶ MAP 附錄 P.4 A-4
☎ 0875-84-7884 📅 週二（逢假日則翌日休）※因建築老舊，目前休館中 🕘 9:00〜16:00 💴 免費入館 📍 香川縣三豐市詫間町栗島1541 🚶 栗島港步行5分 🅿 8輛

A.木造的2層校舍為國家登錄有形文化財 B.庭院也展示了舊船錨及船鐘

炸魚定食
¥1,000

品嘗以當令食材製作的島嶼午餐

Le-Port粟島
ルポールあわしま

作為粟島休閒娛樂去處的住宿設施。以在地食材為主的午餐也很受島上居民喜愛。夏天還提供可觀賞海螢的住宿方案。

栗島 ▶ MAP 附錄 P.4 A-4
☎ 0875-84-7878 📅 週二 🍴 餐廳11:30〜13:30 📍 香川縣三豐市詫間町栗島1418-2 🚶 栗島港步行5分 🅿 8輛

A.圖片僅供參考，實際菜色隨季節有所不同 B.也有各種在地名產

粟島最具代表性的復古木造建築

粟島海洋紀念館
あわしまかいようきねんかん

前身是約120年前創校的日本第一所海員養成學校，目前展示了船舶機械及模型等珍貴文物。建築的構思、庭園皆展現出懷舊之美。

犬島
いぬじま

運用工業遺跡打造的現代藝術之島

犬島曾因煉銅與採石產業而興盛，現在則以運用工業遺跡再生的現代藝術作品以及犬島精鍊所美術館（**»P.39**）聞名。

TRANSPORTATION
👣步行

犬島面積不大，因此主要以步行移動即可。從犬島港走到島的南端僅需15分鐘左右。

ADVICE
1. 周長僅約4km的小島，景點間適合以步行移動。
2. 島上也有露營場、海水浴場等充實的休閒設施。

採石與煉銅造就了往日榮景
造訪小島的**愜意輕旅行**

欣賞完煉銅廠脫胎換骨而成的現代藝術後，就到了藉由能感受島嶼自然的藝術以及咖啡廳來放鬆的島嶼時間了。

在很有採石之島韻味的創作旁休憩

20張石椅排成一排面對大海

INUJIMA　犬島港
岡山市

章魚醬菇蕃茄義大利麵
¥900

AWASHIMA & INUJIMA
懷舊的島嶼時光／造訪小島的愜意輕旅行

&MORE

瀨戶內海還有其他小島值得造訪！

本島
ほんじま

過去曾是鹽飽水軍的根據地，江戶時代因海運而繁榮，至今仍保留了充滿歷史氣息的景觀。用走的僅需4小時左右就能繞完一圈。

MAP 附錄 P.3 C-2

笠島街景保存地區被選為重要傳統建造物群保存地區

丸龜市本島市民中心
☎0877-27-3222

沙彌島
しゃみじま

與四國陸地相連的小島，海景美到令人屏息。

MAP 附錄 P.3 C-3
坂出市觀光協會
☎0877-35-8428

伊吹島
いぶきじま

沙丁魚乾的知名產地，並建立了「伊吹小魚乾」的品牌。

MAP 附錄 P.2 B-3
觀音寺市伊吹支所
☎0875-29-2111

旅途中的綠洲！
舒適的古民家咖啡廳

Ukicafe
ウキカフェ

緊鄰「家藝術項目」的I邸。招牌美食是自製醬汁充滿鮮味的義大利麵與在地食材製作的甜點。有鞦韆的庭院也十分療癒。

庭院內就有農田，並設置了露臺座

犬島 ▶**MAP** 附錄 P.5 B-3

☎086-947-0877　休週二（準同犬島精鍊所美術館休館日）　🕙10:00～16:00　♀岡山縣岡山市東區犬島293-2　🚶犬島步行7分　🅿無

位在山丘上的
採石場守護神

山神社
やまじんじゃ

自古以來就被視為花崗岩採石場的守護神，受到民眾信仰。可在這個小小神社眺望島上的美麗景色。

小巧別緻的神社

犬島 ▶**MAP** 附錄 P.5 B-3

🚫無　👣自由參觀　♀岡山縣岡山市東區犬島　🚶犬島港步行3分　🅿無

57　本島因瀨戶內國際藝術祭的關係也出現了許多藝術作品，記得來看看。

Beautiful

A.崔正化《太陽的贈禮》。將橄欖葉組合成王冠的形狀　B.橄欖花會在5月下旬至6月上旬盛開　C.10～12月前後會在這裡榨橄欖油

榨油時節會散發出橄欖的香氣

清純潔白的橄欖花

小豆島
しょうどしま

能夠飽覽山海景色的度假風情小島

受到溫暖氣候與豐饒自然資源眷顧的小豆島，以種植橄欖聞名。醬油及麵線產業也擁有超過400年歷史，許多景點都可以近距離接觸傳統技藝。

TRANSPORTATION

🚌 巴士
島上唯一的路線巴士「小豆島橄欖巴士」的行駛範圍涵蓋了主要景點，購買可以不限次數搭乘所有路線的自由乘車券（1日券¥1,000，2日券¥1,500）會更划算（有些地方班次較少，請多加注意）。

🚲 出租自行車
港口周邊的飯店及觀光中心有自行車可租借。¥1天500円～（視設施而異）。

POINT
島上共有5個港口，其中以船班較多的土庄港最方便。

眼前不斷出現驚喜！

絕景♡小豆島兜風之旅

大自然孕育出的神祕海濱、梯田，以及氣勢磅礴的溪谷等令人期待的景點，就靠開車一次逛個夠吧！

約5分

約20分

START
土庄港 Ⓐ
港口周邊也有租車公司，可以多加利用。

SPOT **1** 在洋溢地中海風情的公路休息站漫步於橄欖園

道之驛
小豆島橄欖公園 Ⓑ Ⓒ
みちのえきしょうどしまオリーブこうえん

位在可以眺望海景的小山丘上，園內有種植在路旁約2000棵橄欖樹及香草園等眾多必訪景點。

≫P.18

風車也是人氣拍照地點

SPOT **3**

SPOT **4**

小豆島町

紅雲亭　寒霞溪山頂纜車

SPOT **2**

START
土庄港
GOAL

橄欖飛機頭 Ⓛ
醬之鄉 Ⓖ

ANGER
from the Bottom
美井戶神社 Ⓚ

SPOT **5**

SPOT **1**

58

PHOTO SPOT

K.北野武×矢延憲司
《ANGER from the
Bottom 美井戶神
社》。是一座高約8m
的雕刻從古井中現身
的現代藝術作品
L.清水久和《橄欖飛
機頭》。單獨佇立於
橄欖園中的立體作品

織式冰淇淋2球
¥500

D.各種色彩鮮艷的義式冰淇淋　E.寒霞溪的山頂有2處展望台　F.早晨及
黃昏時分看起來更加浪漫　G.聚集了許多醬油釀造工房的「醬之鄉」散發
著醬香。可在去完MINORI GELATO後順道造訪　H.水源來自入選日本大
名水的「湯船之水」

由米倉
裝修而成

SPOT
4
閒適的田園景色
讓人感覺無比療癒

送蟲儀式
是夏季
一大盛事

中山千枚田 H
なかやません まいだ

海拔120m至250m的山坡
上散布著約800片梯田。插
完秧的初夏至結出稻穗的
秋天是最佳的觀賞時期。

小豆島 ▶ MAP 附錄 P.6 B-2
0879-82-1775 (小豆島觀光
協會)　自由參觀　香川縣
小豆島町中山　春日神社前
巴士站步行5分　約20輛

SPOT
2
將島嶼恩惠
濃縮在冰淇淋中!

MINORI GELATO D I
ミノリジェラート

義式冰淇淋專賣店,能夠
品嘗使用橄欖、醬油、柑橘
等釀造出的小豆島風味。隨
時提供約12種能展現素材
特色的口味。

小豆島 ▶ MAP 附錄 P.7 C-3
0879-62-8181　週三、四
12:00～17:45　香川縣小豆
島町草壁本町1055-2　草壁港
巴士站即達　9輛

記得確認
潮汐晴刻!

低潮前後約2小
時可步行通過。
高低潮時間請至
小豆島土庄町公
所網站確認

約20分

SPOT
5
1天只出現2次的
絕美浪漫景點

天使之路 (天使的散步道) F
エンジェルロードてんしのさんぽみち

弁天島與中余島之間在退潮時出現的沙
洲,據說與心愛的人牽手走過,願望便
會實現。

小豆島 ▶ MAP 附錄 P.6 A-3
0879-82-1775 (小豆島觀光協會)
自由參觀　香川縣土庄町銀波浦
国際ホテル(エンジェルロード前)巴
士站步行5分　40輛

約35分

SPOT
3
壯麗的溪谷景色
令人感動不已!

約25分

岩石的紋理
近在眼前!

寒霞溪 E
かんかけい

被譽為日本三大溪
谷之一,是小豆島
代表性的風景名
勝。無論是春天的
新綠或秋天的紅葉
時節都會將垂直聳
立的巨岩妝點得美
不勝收。

小豆島 ▶ MAP 附錄 P.7 C-2
0879-82-2171 (寒霞溪纜車)
自由參觀 (纜車為8:30～17:00,視
時期而異)　纜車單程費1,100円
香川縣小豆島町神懸通
土庄港車程20km,紅雲亭至寒霞溪
纜車5分,寒霞溪山頂下車即達
200輛

GOAL
約5分
土庄港

傳統技藝&新鮮食材打造美味饗宴

滿載島嶼恩惠的LUNCH!

小豆島擁有各種大自然孕育出的山珍海味，享受美食的愉悅也最高檔！
活用美味食材製作的各種料理及傳統手工麵線絕對不可錯過。

能直接品嘗餅皮滋味的
「原味披薩」
¥1,100也很推薦！

使用芳香的「讚岐之夢」麵粉製作

於店內的石窯烘烤

可以看到烘烤情景的
開放式廚房

MENU

瀬戶內吻仔魚
與小豆島檸檬的
瀬戶內披薩
¥1,700

酥脆又Q彈的口感非常迷
人，還吃得到芳香的檸檬
風味

Delicious

kamos
カモス

使用香川縣產的烏龍麵用小麥「讚岐
之夢」與島上的麴店提供的麴酵母製
作披薩。秉持地產地消的理念，配料
使用的是吻仔魚、綠檸檬等瀬戶內地
區的食材。店內還附設了「迷路のま
ちの本屋さん」書店。

小豆島 ▶ MAP 附錄 P.6 A-3

☎0879-62-8731 休週一（逢假日則翌日
休）、不定休 ⏰11:00～14:00
📍香川県土庄町甲吉ヶ浦6190-80
🚶土庄港步行7分 🅿6輛

由瀬戶內的食材構成的披薩

店內使用古董風家具裝潢

後方庭院還有木頭平台，
感覺十分愜意

口感彈牙
有嚼勁！

店內充滿懷舊氣氛

體驗
傳統技藝！

LET'S

梳理體驗

以生麵線著稱的工廠直營店

なかぶ庵
なかぶあん

小豆島特產・手工麵線的製麵廠。餐廳僅提供生麵線一道餐點，帶有嚼勁的口感培養出許多忠實顧客。商店也有販售外帶用的生麵線。

小豆島 ▶ **MAP** 附錄 P.7 C-3
☎0879-82-3669　休週三、四（逢假日則營業）　⏰10:00～13:30（餐廳為食材用完即打烊，需預約）　♥香川縣小豆島町安田甲1385　🚌安田巴士站步行15分　🅿14輛

可體驗將近420年歷史、以手工梳理麵線的技法。
¥1,200円 ※附帶工廠參觀（最晚須於一天前預約）

MENU
生麵線
¥700～
尚未乾燥的麵線，起初為員工伙食。有普通與大份可選

由麵線工廠再生改裝

SEASiON
シージョン

由位在海邊的麵線工廠改裝而成的餐廳，可品嘗季節每日午餐以及使用小豆島橄欖的冰品等島嶼的恩澤。

小豆島 ▶ **MAP** 附錄 P.7 C-3
☎0879-62-9394　休不定休
⏰11:30～16:30（週五為14:00～20:00，週六為11:30～20:00）
♥香川縣小豆島町安田甲144-237
🚌小豆島中学校前巴士站步行3分
🅿10輛

+SWEETS

A.海景近在眼前
B.鐵鍋鬆餅（橄欖）¥550

MENU
午餐盤
¥1,300
圖中的主菜為ヤマロク醬油木桶釀造醬油雞

MENU
梯田飯糰定食
（每日不同）
¥1,800
使用瀬戶內海的魚製作的主菜及節麵湯等料理濃縮了島嶼的風格

+SWEETS

A.由過去的碾米廠再生改裝　B.鬆餅杯冰淇淋 醬油牛奶紅豆 ¥600。吃起來有如牛奶糖般濃郁　C.手榨蜜柑汁 ¥500

在梯田中央享用梯田米做的飯糰

こまめ食堂
こまめしょくどう

能欣賞中山千枚田（▶P.59）景色的餐廳。使用名水「湯船之水」炊煮梯田種植的稻米做成飯糰，吃起來鬆軟可口，讓人感受到暖意。

小豆島 ▶ **MAP** 附錄 P.6 B-2
☎080-2984-9391　休週二、四
⏰11:00～14:00　♥香川縣小豆島町中山1512-2　🚌春日神社巴士站即達
🅿使用免費公共停車場

在日本橄欖的發源地
製作全世界獨一無二的橄欖油

My olive oil

打造一瓶口味、色
澤、香氣都充滿特色
的橄欖油♪

\ 餐廳內附設的體驗區 /

在收成量傲視全日本的橄欖之島
製作個人專屬的橄欖油

來到橄欖之島小豆島一定要體驗製作橄欖油！
用來自世界各國的油調出你喜歡的味道吧。

體驗 DATA

個人專屬橄欖油調製體驗

🕐 受理時間	9:00～、10:00～ 14:00～、15:00～ （最晚須兩天前預約）
🕐 體驗時間	約40分
¥ 費　用	¥1,000

LET'S TRY!

step 3

調配出你喜歡的味道！

一面試味道一面調配♪先決
定使用哪一款油當基底，會
比較容易調出自己想要的味
道。

step 4

將調好的油倒進瓶子裡

將油倒進五彩繽紛的迷你瓶中即告一段
落。蓋子也有2種顏色供選擇。

\ 瓶子有5種顏色可選 /

共有6種

step 2

品嘗世界各國的橄欖油

以現烤麵包搭配各國的橄欖油，確認味道。產地不同，
味道也五花八門！

step 1

學習橄欖油相關知識！

認識橄欖的收成季節、製作成橄欖油的
製程等內容，加深對橄欖的認識。

&MORE

✂ 這些地方也能買到橄欖伴手禮！ ✂

（左起）香氣撲鼻的「蔥」沙拉醬 ¥933、羅勒橄欖油180g ¥1,399、初榨完熟橄欖油 90g ¥950。

大蒜辣椒橄欖油
180g ¥1,399

除了橄欖油外，還有用大鍋煮成的釜焚橄欖香皂100g ¥915。僅使用完熟橄欖萃取的橄欖精油8mℓ ¥3,300

CHECK
餐廳 **≫P.21**

橄欖油漬八朔橘起司
100g ¥950

提供琳瑯滿目的橄欖商品

井上誠耕園 mother's
いのうえせいこうえんマザーズ

從化妝品到沙拉醬等，能買到各種橄欖相關商品，並附設麵包店及體驗區。

小豆島 ▶ **MAP** 附錄 P.6 B-3

☎0879-75-1133　🏠無休
🕘9:00~17:00　📍香川県小豆島町蒲生甲61-4 らしく本館 1F　🚌池田港歩行10分　🅿70輛

綠檸檬橄欖油
136g ¥3,240

也販售來自西班牙等國的橄欖油

製作100%小豆島產的橄欖油

ié Life
イズライフ

販售以自家栽種的橄欖製作的橄欖油。店主擁有橄欖油品油師證照，功力深厚。

小豆島 ▶ **MAP** 附錄 P.6 A-3

☎0879-62-9377　🏠週一（逢假日則翌日休）　🕘10:00~17:00
📍香川県土庄町渕崎1956-1　🚌土庄港搭計程車5分　🅿3輛

Castillo De Canena
初榨橄欖油
（皮夸爾品種）
¥2,376

初榨橄欖油
136g ¥3,240

結束體驗後就來頓
橄欖油烹調的美味午餐吧

Olive Palace RestleA
オリーブパレスレストレア

能欣賞到瀬戸内海與橄欖園景色的餐廳，提供在地美食醬丼及義大利麵等餐點。

小豆島 ▶ **MAP** 附錄 P.7 C-3

🏠無休　🕘9:00~15:00
（用餐為11:00~15:00）
附橄欖油醃漬小菜及湯品

醬丼
¥950

其他地方也很有看頭！

日本最古老的原木！

遊具藝術作品！

野口勇的

小豆島橄欖園
しょうどしまオリーブえん

除了種植橄欖外，也進行榨油，並附設商店、餐廳，是一座以橄欖為主題的複合設施。橄欖園內還能看到日本最古老的橄欖原木，很適合散步。此外還附設有野口勇的藝廊。

小豆島 ▶ **MAP** 附錄 P.7 C-3

☎0879-82-4260　🏠無休　🕘8:30~17:00
💴免費入園　📍香川県小豆島町西村甲2171
🚌オリーブヶ丘巴士站即達　🅿50輛

FINISH

最後將瓶蓋鎖緊

可搭配麵包或沙拉享用

The ORIGINAL BLEND OLIVE OIL
laboleA

step 5

貼上個人化標籤就完成了！

替標籤加上日期、圖案，然後便大功告成♪賞味期限約1年。

除了橄欖油還有其他好東西！
不可錯過的小豆島特色伴手禮清單

從傳統製法製作的醬油、麵線等經典必買商品
到五花八門的雜貨，在此列出超推薦的小豆島伴手禮陣容。

可在「雜貨コリコ」買到

A「道之驛 小豆島橄欖公園」的
銀荊耳環
1副 ¥2,100

封入了銀荊花朵的手工耳環，每一副都是獨一無二

D「木の花」的
1 胸針 ¥4,536
2 耳環 ¥4,212

使用以橄欖染色的線及布製作的橄欖造型飾品。細膩柔和的色彩十分迷人

B「妖怪美術館博物館商店」的
手工半生橄欖麵線
(2人份)
¥432

麵團中揉入了小豆島產橄欖果實泥，吃起來充滿嚼勁且口感滑順

C「妖怪美術館博物館商店」的
明信片
(1張)
¥165

將展示的作品畫成活潑的圖案，十分可愛。共有17款

無論配飯或當作調味料都一級棒！

E「道之驛 小豆島橄欖公園」的
島造 醬油醪
(150g)
¥560

小豆島上歷史最悠久的醬油店「ヤマサン醬油」以日本產大豆、日曬鹽做成的醬油醪，濃縮了滿滿鮮味

 橄欖染色創作者所經營
木の花
このはな

使用以小豆島橄欖染色的線、布來製成飾品及包包，也有販售與創作者聯名推出的商品等等。

附設的咖啡廳可嘗到小豆島的風味

小豆島 ▶MAP 附錄 P.7 C-3
☎0879-82-5991（cafe la mauve） 週二、三
11:00～16:00 香川縣小豆島町西村甲1843-2
オリーブ公園口巴士站步行3分 P4輛

 也附設充滿特色的妖怪bar
妖怪美術館博物館商店
ようかいびじゅつかんミュージアムショップ

T恤、貼紙、原創妖怪商品及飾品等全都買得到。在附設的妖怪bar還能享用小豆島的日本酒及妖怪啤酒。

由過去庄屋的宅邸改建而成的建築

小豆島 ▶MAP 附錄 P.6 A-3
☎0879-62-0221 週三（逢假日則營業）
9:00～21:30（僅週四14:00～） 香川縣土庄町甲398
土庄港步行15分 P5輛

PICK UP! 小豆島酒造開設的烘焙坊也值得造訪

大吟釀酒粕紅豆麵包 ¥280
也有內用空間

自製紅豆餡中混合了酒粕

牛奶醬＆堅果 ¥300
自製牛奶醬與麵包很對味

焦香醬油炸麵包 ¥200
麵包是以釀酒米的米粉製成

MORIKUNI BAKERY
モリクニベーカリー

販售使用釀酒米製作的各種紡錘麵包。由於原料中加入了甘酒，吃起來富有風味又Q彈。

小豆島　MAP 附錄 P.7 C-3
☎0879-62-9737　休週二～四
🕘9:00～17:00　♀香川縣小豆島町馬木甲1010-1　🚏馬木巴士站步行3分
🅿20輛

☑ CHECK
フォレスト酒藏MORIKUNIギャラリー的午餐也值得推薦！
能吃到使用自製酒粕等食材、由釀酒職人的早餐發信而來的定食。另外也供應披薩及飲料。
杜氏的伙食餐 ¥1,000

「フォレスト酒藏MORIKUNIギャラリー」的
小豆島酒造手巾
¥1,461

主題為門簾，由來自香川縣的插畫家Obika-Kazumi所設計

G

包酒瓶時「M」會剛好在正中央！

每一款都是純米酒

「フォレスト酒藏MORIKUNIギャラリー」的
1 はちはち(300ml) ¥1,047
2 うとうと。(300ml) ¥817
3 阿嬤的日本酒果醬（八朔橘）¥615

F

「はちはち」等在地酒是以千枚田的米釀造，日本酒果醬則使用了小豆島的當令水果及蔬菜

「ヤマロク醬油」的
鶴醬
(145ml)
¥810

使用2倍原料與需要多年時間的再裝桶製法釀成的醬油，口味香醇溫和

H

可以一面聽著關於醬油釀造的導覽解說、一面參觀天然醬油膠窖

A E

洋溢地中海風情的休息站
道之驛 小豆島橄欖公園
みちのえき しょうどしまオリーブこうえん
» P.18

H

150年前起便使用杉木桶釀造
ヤマロク醬油
ヤマロクしょうゆ

以自創業起持續使用至今的大杉木桶來釀造醬油，悠長香醇與溫潤的滋味是最自豪之處。

歷史悠久的醬油窖

小豆島　▶MAP 附錄 P.7 C-3
☎0879-82-0666　休無休　🕘9:00～17:00　❖醬油窖參觀免費(不需預約)　♀香川縣小豆島町安田甲1607　🚏安田巴士站步行15分　🅿25輛

F G

島上唯一的酒藏經營的商店＆咖啡廳
フォレスト酒藏MORIKUNIギャラリー
フォレストさけぐらモリクニギャラリー

位在從事日本酒釀造與銷售的小豆島酒造內的商店。附設能享用日本酒的咖啡廳。

前身為佃煮工廠

小豆島　▶MAP 附錄 P.7 C-3
☎0879-61-2077(小豆島酒造)　休週四　🕘9:00～17:00(咖啡廳為11:00～16:30)　♀香川縣小豆島町馬木甲1010-1　🚏馬木巴士站步行3分　🅿20輛

小豆島的醬油釀造事業已有400年以上的歷史，至今仍有超過20家店繼續遵循古法釀造醬油。

SHODOSHIMA ・ 小豆島特色伴手禮

深化旅行的回憶！

於小豆島流的款待旅宿過夜

若想擁有更精采的旅行回憶，一定要在島上停留一晚。
住進以小豆島流待客之道自豪的旅館，細細品味島上的美好之處吧。

裝潢也
十分用心，
展現摩登氣息

CLOSE UP
一部分建築為登錄有形文化財
舊倉庫改裝而成的「ひし之間」氣派的土牆及梁柱讓人印象深刻

CLOSE UP
不同類型的客房
包括2棟別館在內共有8間客房，並設有石頭浴池、檜木浴池等。

HISHIO
#醬油
的盛情款待

品嘗醬油宴席料理
享受醬油之鄉的盛情款待

橄欖精油的備品
也是一大亮點

在洋溢典雅風情的旅宿品嘗特色宴席料理

日本料理・島宿真里
にほんりょうりしまやどまり

由屋齡約90年的古民家改裝而成、別具韻味的旅館。能吃到老闆每天早上於市場採購的瀨戶內海海鮮所製作的料理。許多旅客都是為了以醬油、醬油醪等在地特產搭配海鮮、新鮮蔬菜的「醬油宴席料理」而回訪。

小豆島 ▶ **MAP** 附錄 P.7 C-3

☎0879-82-0086　♀香川県小豆島町苗羽甲2011　🚌丸金前巴士站步行5分
🅿10輛

STAY DATA
IN 14:00　**OUT** 10:00
1泊2食¥34,250〜

別邸「海音真里」
也是好選擇！
所有客房皆面海的別邸。晚餐為能夠品嘗小豆島橄欖油風味的橄欖宴席料理。

Great view

天使之路

海岸邊的露天浴池
有如無邊際泳池般
開闊！

能望見天使之路的
絕景露天浴池備感療癒

離天使之路
最近的飯店

NICE VIEW

#絕景

的盛情款待

CLOSE UP
海景客房
所有客房都能看到海。飯店提供附露天浴池
的和洋式客房、設計風格客房等多種房型。

圖為大套房

CLOSE UP
使用豐富島嶼珍味的「小豆島會席」
能吃到海鮮、縣產牛肉、手工麵線、小豆
島醬油等特產。

位處海邊、地點絕佳的飯店

小豆島國際飯店
しょうどしまこくさいホテル

大廳就能望見瀨
戶內海的美景

天使之路（▶P.59）近在眼前的度假飯店。可欣賞瀨戶內海從朝霞
到夕陽時分的各種風情。緊鄰大海的露天浴池能讓人直接感受到海
潮的氣息與波浪聲，療癒極了。浴池有「橄欖湯」與「濱風湯」2
種（男女輪替制）。

小豆島 ▶ **MAP** 附錄 **P.6 A-3**

📞0879-62-2111 📍香川県土庄町銀波浦
🚌国際ホテル（エンジェルロード）前即達（提
供土庄港免費接送服務，預約制）🅿60輛

STAY DATA		
IN 15:00	**OUT** 10:00	
1泊2食¥16,500〜		

小豆島還有別墅式民宿及包棟民宿等各種很不錯的住宿選擇。

etouchi Triennale

3年一度的盛事讓瀨戶內海島嶼化身藝術舞台

認識瀨戶內國際藝術祭

全世界藝術愛好者矚目的盛事

Llobet & Pons的《無人勝出
—多重籃框》，位於豐島唐櫃
港附近

Noe Aoki的《空
之粒子／唐櫃》
完美融入豐島的
大自然

直島的
地標

瀨戶內國際藝術祭是日本最大規模的藝術祭，會場包括瀨戶內地區的12座島嶼及2座港口，實現了瀨戶內海、島嶼美麗風光以及現代藝術的共存。這項藝術盛事以海洋的復興為主題，自2010年起每3年舉辦一次。除了各國藝術家打造的裝置藝術外，活用島上飲食推出的計畫、聚焦於地域文化的活動等豐富的內容也是其迷人之處。

在直島的宮浦港迎接旅客到來。
草間彌生《紅南瓜》2006年 直島・宮浦港綠地

位於男木島的Rikuji Makabe《男
木島 路地壁畫企畫 wallalley》

搭乘渡輪
別有一番
情調

來趟跳島之旅也不錯

藝術家停留
在島上進行創作

位於高松港的
《Liminal Air
-core-》出自大
卷伸嗣之手

展期內湧入來自海
內外的觀光客，渡
輪有時甚至會客滿

攝影／Shintaro Miyawaki

在女木港一字排開的《海鷗的
停車場》是木村崇人的作品

當風吹來時
會一齊改變方向

Yodogawa-Technique
《宇野的黑鯛／宇野的小黑鯛》

攝影／Yasushi Ichikawa

小豆島可以看到清水久和的
《橄欖飛機頭》

2025年（預定）瀨戶內國際藝術祭 展覽資訊

展期（預定）	春：4/18(五)～5/25(日)　夏：8/1(五)～8/31(日)　秋：10/3(五)～11/9(日)
會場（預定）	直島、豐島、女木島、男木島、小豆島、大島、犬島、沙彌島（春展期）、本島（秋展期）、高見島（秋展期）、粟島（秋展期）、伊吹島（秋展期）、高松港周邊、宇野港周邊、香川縣沿岸地區（讚岐市內［夏］、東香川市內［夏］、宇多津町內［秋］；具體會場待議）
費用	未定
洽詢	瀨戶內國際藝術祭實行委員會事務局　☎087-813-0853　HPhttp://setouchi-artfest.jp

Shimanami

清新的檸檬滋味讓人神魂顛倒

島波海道是由6座島嶼間的橋梁連接而成，
騎上自行車悠閒慢旅、欣賞多島美絕景之餘，
也別忘了溫暖氣候孕育出的柑橘甜點以及柑橘
類伴手禮。

The Citrus Brings Happiness!

Limoncello.

大三島 Limone
おおみしまリモーネ
»P.26

しまなみコーヒー
≫P.84

Nice view!

柑橘甜點
也不可錯過！

felice di tucca ≫P.75

USHIO CHOCOLATL ≫P.79

Gourmet

お食事処 大漁
≫P.82

Welcome to

島波海道
原來如此好玩！

SHIMANAMI
KAIDO

全島美術館 ≫P.19

島波海道沿途有日本檸檬的發源地和
藝術之島等洋溢不同個性的島嶼。
請在沿途一一拜訪，
展開一趟趟跳島之旅吧！

しまなみドルチェ本店 ≫P.85

ABOUT
帶你快速認識
島波海道

島波海道是由串連廣島縣尾道
市與愛媛縣今治市之間6座島嶼
的9座橋梁所構成、全長約60
km的海上道路。集結了多島美
絕景及海鮮美食等各種亮點。

ACCESS ≫

從尾道出發
尾道是島波海道的門戶。
從JR尾道站可搭高速巴
士，或步行片刻至尾道港
搭船前往。

租車自駕
由於景點分布範圍相當
廣，開車移動是最方便
的。JR尾道站周邊有租
車公司的營業據點。

搭乘渡輪
尾道與向島、因島、生口
島間有渡船及定期船往
來，也有船班行駛於各島
嶼之間。

初來乍到也不用擔心♪讓人心情愉悅的!島波海道自行車之旅

Let's go cycling 🚲

請認這個標誌！

島波海道是自行車愛好者心目中的聖地，也非常適合騎自行車巡遊。先掌握這些實用資訊，玩起來會更輕鬆。

出租自行車
島波海道沿途有10處自行車租借站，也可甲租乙還（部分自行車除外）。

自行車路線
從JR尾道站至JR今治站的車道左側以「藍色線條」標示了建議的自行車路線。

SHIMAP
網羅了從自行車到觀光、住宿、交通等各種島波海道的資訊。
🔗https://shimanami-cycle.or.jp/shimap/

島波自行車綠洲
島波自行車綠洲是島波海道沿線超過240處的休息區，除了提供打氣筒、自行車架，也提供廁所。

Lemon Cake

記得買檸檬蛋糕！

在立花食堂》P.78
邊享用午餐邊眺望海景

START!
ONOMICHI

搭懷舊渡船前往**向島**很方便
約3分鐘便能橫渡寬300m的尾道水道。

向島 P.78
與尾道隔海相望的小島，近來出現了許多質感出眾的商店及咖啡廳而備受關注。

MUKAISHIMA

菜のはな》P.85
位置絕佳

生口島 P.72
日本國產檸檬的發源地。值得一看的景點很多，適合騎自行車逛逛。

INNOSHIMA

因島 P.85等
留有戰國時代雄踞一方的村上海賊史跡，同時也以八朔橘的發源地聞名。

TOKORO美術館大三島
》P.77 集結了各種藝術作品

IKUCHIJIMA

大三島 P.76
美術館林立、島波海道最大的島。由於島上有大山祇神社，因此別名「神之島」。

OHMISHIMA

SHIMANAMI KAIDO

IWAGIJIMA IKINAJIMA
SASHIMA

YUGEJIMA

連接弓削島、佐島、生名島、岩城島4座島的路線被稱為「夢島海道」，同樣是極受歡迎的自行車路線。

HAKATAJIMA

伯方島 P.80
以製鹽業聞名，島上有可以和海豚玩的島波海豚農場(》P.80)

大島 P.84等
距離四國最近的島，島波海道最長的來島海峽大橋就位於此地。

OHSHIMA

能夠和海豚當好朋友！

展望台的景色絕不可錯過！
龜老山展望公園》P.25

GOAL!
IMABARI

生口島坡道不多，
不常騎自行車的人
也能安心暢遊♪

Good Location

美景、美食全都不錯過！
超充實的島波海道自行車之旅

島波海道規劃了完善的自行車道，讓初次造訪的旅客也能輕鬆享受自行車之旅。
在這個全世界自行車愛好者接連到訪的聖地，盡情享受絕景與美食吧！

GO!!
GO!!

騎著自行車暢快奔
馳於多多羅大橋

START!

1 lemon cafe汐待亭門口停放著
五顏六色的自行車　2 享受宜人
的海風吹拂♪　3 まるど的麵包
很適合當作騎車途中的點心

3 min.

瀬戶田町觀光服務處
從瀬戶田港步行7分可到。先在這裡租自行
車。 ¥1日2,000円～

GOAL
| 尾道站前 | 《 高速巴士 46min. 》 | 大三島 BS | 《 自行車 4h. 》 | 瀬戶田港 | 《 高速船 40min. 》 | 尾道港 | **START** |

plan
這條路線是從尾道出發，
走訪景點豐富的生口島與
大三島。

從尾道直接搭高速船前往生口島
尾道港出發的船1天有7～8班，航程約40分鐘。船票
¥1,300（自行車需另付¥500）。

深受自行車騎士
喜愛的咖啡廳

1 lemon cafe汐待亭
レモンカフェしおまちてい

由屋齡約150年的庄屋打造成的自行
車店兼咖啡廳。除了能在此享用甜
點及午餐，也提供自行車的修理、販
賣、租借服務。

生口島 MAP附錄 P.8 B-3

☎0845-25-6572 ▨週一 (逢假日則翌
日休)、週日晚間 ▤11:00～16:00、
19:00～21:30 ◉廣島縣尾道市瀬戶田町
瀬戶田425 ♥生口島北IC 8km
Ｐ使用しおまち商店街停車場

1.汐待檸檬飲各¥600　2.店內空間散發懷
舊氣息。店面位在しおまち商店街　3.能同
時吃到檸檬奶油雞與歐風口味的雙拼咖哩
¥1,100

松永真《千里眼「看一看,從瀨戶田望見世界。」》

從橋上眺望多島美景色

發現檸檬造型的作品！

全島美術館
▶▶P.19也是必訪之地

耕三寺博物館的
「未來心之丘」
超適合拍美照！
▶▶P.19

順道拜訪SPOT

20
min.

中國、四國地方
數一數二的海灘

2 瀨戶田日落海灘
せとだサンセットビーチ

入選「日本88大水浴場」的瀨戶田日落海灘以
水淺、浪平穩而聞名。象徵島波海道的藍白灰
三色商品深受自行車騎士喜愛。

生口島 ▶ MAP 附錄 P.8 B-3
☎0845-27-1100 ⏰自由參觀,商店為9:00～
17:00 ♀廣島縣尾道市瀨戶田町垂水1506-15
⊖生口島北IC 10km ▣100輛

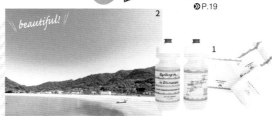
beautiful!

1.島波海道三色水壺 各¥1,220、小毛巾 各¥770
2.占地遼闊,還設有露營場

20
min.

以大三島食材自豪的烘焙坊

4 まるまど

選用大三島在地食材製作
出歐式麵包及貝果等豐富品
項。招牌商品是以島上特產
蜜柑製作的酵母所製成的麵
包。

大三島 ▶ MAP 附錄 P.8 A-4
☎0897-72-8320 ⏰週日～五
11:30～18:00（若售完為
15:00） ♀愛媛縣今治市上浦
町井口5792 1F ⊖大三島IC
3km ▣2輛

1.鄉村麵包 整個¥583
2.香醇而富深厚餘韻的麵包,在地人
也給予好評

30
min.

馳騁於橋上
享受自行車之旅的精采時刻

3 多多羅大橋
たたらおおはし

全長1480m,有如天鵝展
翅般的美麗造型令人印象深
刻。能享受在海風的吹拂下
騎車橫渡大橋的暢快。

生口島～大三島 ▶ MAP 附錄 P.8 B-4
☎078-291-1033（本州四國聯
絡高速道路客服窗口）
▮自行車通行費100円（2024
年3月31日之前免費）

小歇片刻
順便欣賞多多羅大橋美景

15
min.

與「自行車騎士的聖地」紀念碑拍照！

GOAL!

5 道之驛 多多羅島波公園
みちのえきたたらしまなみこうえん

位於多多羅大橋橋頭的公路休息站。
能夠以橋為背景拍照,並附設餐廳、
特產銷售區,以及販售柑橘和蔬菜的
產地直銷市集。

大三島 ▶ MAP 附錄 P.8 A-4
☎0897-87-3866 ⏰無休 ⏰9:00～
17:00（餐廳為11:00～15:00）
♀愛媛縣今治市上浦町井口9180-2
⊖大三島IC即達 ▣319輛

回程從道之驛 多多羅島波公園
步行3分鐘前往大三島BS（巴士站）
建議在道之驛 多多羅島波公園歸還租來的自行車,然
後搭高速巴士。大三島BS是「しまなみライナー」等
高速巴士的停靠站。可在此搭乘前往尾道（若是搭乘
まなみライナー,要在因島大橋轉乘路線巴士）、今
治的巴士。

通往多多羅大
橋的自行車道

體驗神奇的
回聲！

也可以順便去大三島Limone（▶▶P.26）購買檸檬伴手禮。

Lemon Island

跟隨清新宜人的香氣

造訪檸檬之島 接受檸檬盛宴的款待

生口島是日本國產檸檬的發源地且產量居全國之冠，島上各處都能看到檸檬！
從泡湯到甜點，只有在這裡才看得到檸檬有如此千變萬化的款待方式。

眺望在眼前美麗地展開的檸檬園

多多羅大橋 **P.73** 緊鄰檸檬谷

檸檬谷　View
レモンたに

多多羅大橋頭那廣闊的檸檬園是「檸檬之島」最具代表性的風景。穿梭檸檬園間的自行車道與從山丘上眺望瀨戶內海及檸檬園的景色更是不可錯過。10月前後為綠檸檬產季，5月前後則是能觀賞難得的檸檬花並感受其香氣。

生口島 ▶ **MAP** 附錄 P.8 B-4
☎0845-27-0051（瀨戶田町觀光服務處）
自由參觀　♀広島県尾道市瀨戶田町垂水　生口島南IC 5km　無

STUDY!
檸檬的產地・島波海道
生口島以日本國產檸檬發源地著稱。瀨戶內地區溫暖穩定的氣候與島上多斜面的地形很適合栽培檸檬，產量是日本第一。還有各式各樣的檸檬伴手禮等你來選購！▶P.26

旅館 つつ井　Bath
りょかんつつい

在這間創業超過百年的旅館，可以享受難得一見的奢華檸檬浴。泡進放了滿滿檸檬片的浴池中，清爽的檸檬香氣讓人心神舒暢，身體也變得暖呼呼。也可不住宿純泡湯。

生口島 ▶ **MAP** 附錄 P.8 B-3
☎0845-27-2221　不定休
16:00～20:00（住宿旅客眾多時可能中止）　入浴費500円
♀広島県尾道市瀨戶田町瀨戶田216
瀨戶田港即達　10輛

漂浮著新鮮檸檬的檸檬浴池

檸檬形狀的檜木浴池內放入了50顆檸檬分量的檸檬片

unique!

Cute!

1.島上的檸檬色郵筒
2.瀨戶田町觀光服務處的柑橘造型裝飾
3.連腳下也可以看到檸檬圖案！

@島ごころ **P.26**

使用瀨戶田產檸檬
打造美味甜點

Sweets

felice di tucca
フェリーチェディツッカ

以自家製柑橘甜點廣受歡迎的咖啡廳。使用自契約農家進貨的新鮮檸檬，製作成果汁、果昔等各種品項。添加於水果氣泡飲的糖漿帶有果肉及果皮，甜味溫和。

除了檸檬，還有多種柑橘類甜點！

3

1.飲料可外帶　2.檸檬飲￥500、檸檬慕斯￥400。皆為自製　3.點餐後現榨的柳橙CAJYUTTA￥600

生口島 ▶ MAP 附錄 P.9 D-4
☎0845-25-6771　🈺不定休
🕚11:00～16:00
📍広島県尾道市瀬戸田町瀬戸田574-1
🚗生口島北IC 7km
🅿8輌(使用商店街共同停車場)

ちどり

創業超過50年的鄉土料理店。人氣品項檸檬鍋使用了添加檸檬汁的醬油基底特製高湯。火鍋料包括了牡蠣、鯛魚、章魚等充滿瀨戶內海特色的食材。也提供不需預約的1人份檸檬鍋。

生口島 ▶ MAP 附錄 P.9 D-4
☎0845-27-0231　🈺週二、不定休　🕚11:00～15:00（週六、日，假日為～16:00）、18:00～21:00　📍広島県尾道市瀬戸田町瀬戸田530-2　🚗生口島北IC 8km　🅿無

散發檸檬香氣
的人氣鍋物讓人食指大動

Food

1. 檸檬鍋（2人份）￥5,100 需預約
2. 由食堂起家的老字號餐廳。「蛋花章魚天丼」、「章魚飯」等章魚料理也是一絕

Check! 「綠檸檬之島」岩城島也有琳瑯滿目的檸檬伴手禮

從生口島搭渡輪5分鐘即能到綠檸檬之島♪

岩城島
檸檬香皂
￥3,850
添加了高品質綠檸檬精華在其中

岩城島檸檬精油（3㎖）
1瓶￥1,650
以蒸汽蒸餾法一滴滴萃取的精油

綠檸檬果醬
￥702
以綠檸檬及砂糖製成，口味清爽

販售使用岩城島特產「綠檸檬」製作的加工品及在地伴手禮。綠檸檬在顏色尚綠時最適合食用，酸味清爽。

リモーネ・プラザ

岩城島 ▶ MAP 附錄 P.8 B-4
☎0897-75-3277（岩城物産中心）　🈺10月第2個週日
🕚8:00～17:30（週日、假日為～17:00）　📍愛媛県上島町岩城1427-2　🚗岩城港務所巴士站即達　🅿3輌

岩城島的綠檸檬在採收一段時間後就會轉黃，只有在10～12月中旬有機會遇到，相當珍貴。

建築物本身
就是藝術品

Art Collection

不讓島波海道的景色專美於前

運用全身感受!大三島美術館之旅

從世界知名建築家的博物館到現代日本畫皆集結在此。
在島波海道首屈一指的藝術島嶼,連同景緻一起進行藝術鑑賞。

Interesting Museum!

家具的展示也是亮點!

館內收藏、展示了家具設計師大橋晃朗設計的室內裝潢。從圓弧形窗戶可眺望瀨戶內海景色。

現代建築與自然風景形成強烈對比

今治市伊東豐雄建築博物館

いまばりしいとうとよおけんちくミュージアム

世界知名建築家伊東豐雄的建築博物館。由以展示作品為主的多面體建築「鋼鐵小屋」,以及重現其東京舊宅的「銀色小屋」構成。銀色小屋設有可閱覽伊東豐雄作品設計圖的空間。

大三島 ▶ MAP 附錄 P.10 B-2

☎0897-74-7220 　休週一(逢假日則翌日休)
⏰9:00～17:00 　¥門票840円
📍愛媛県今治市大三島町浦戸2418
🚗大三島IC 15km 　P7輛

造船業城鎮·今治!打造的外觀致敬了鋼鐵小屋以鐵板

1 外觀本身便堪稱現代藝術作品
2 鋼鐵小屋內幾乎沒有垂直的牆壁
3 銀色小屋的屋頂為圓弧連接而成
4 透過相片展示大三島的風景及人物
※上方照片中的展示內容為2018年5月拍攝時的版本。

PICK UP!!
生口島的藝術作品也很有看頭！

ひらやまいくおびじゅつかん
平山郁夫美術館

介紹來自生口島的日本畫家平山郁夫的作品，並展示了其年幼時期的作品等等。

`生口島` ▶ MAP 附錄 P.9 D-4

📞0845-27-3800　🈺無休　🕘9:00～16:30　💴門票1,000円
📍広島県尾道市瀬戸田町沢200-2　🚕生口島北IC 7km　🅿40輛

しまごとびじゅつかん
全島美術館

於戶外展示17位創作者自行挑選地點、從風景得到靈感所創作出的作品。

▶▶P.19

半戶外展示設計讓陽光成為聚光燈 ♬ ♪

今治市岩田健母與子美術館
いまばりしいわたけんははことのミュージアム

位在宗方小學舊址、雕刻家岩田健的美術館。圓柱形的展示空間配置了44件以「母與子」為主題的作品與長凳。蘊含著祈求和平之意念的親子雕像等充滿溫度的作品值得細細觀賞。

`大三島` ▶ MAP 附錄 P.10 B-2

📞0897-83-0383
🈺週一（逢假日則翌日休）　🕘9:00～17:00
💴門票310円　📍愛媛県今治市大三島町宗方5208-2　🚕大三島IC 18km　🅿5輛

由伊東豐雄所設計的建築也是亮點

1. 於階梯狀的空間展示作品
2. 開放式露臺空間開闊
3. 入口處也有作品！Noe Katz《Kissing Doors》

休息一下
看看風景吧♪

擁有美麗海景的現代美術館

TOKORO美術館大三島
ところミュージアムおおみしま

這座位在蜜柑園山坡上的美術館展示了Noe Katz、Marisol、林範親、深井隆等藝術家約30件的立體作品。館內的開放式露臺是欣賞瀨戶內海景色的絕佳地點，在鑑賞創作的同時還能飽覽美景。

`大三島` ▶ MAP 附錄 P.10 B-2

📞0897-83-0380　🈺週一（逢假日則翌日休）
🕘9:00～16:30　💴門票310円　📍愛媛県今治市大三島町浦戶2362-3　🚕大三島IC 15km　🅿5輛

「TOKORO美術館大三島」的 本館 同樣不可錯過！

以現代日本畫為中心、範疇廣泛的收藏與展示

いまばりしおおみしまびじゅつかん
今治市大三島美術館

館內氣氛穩重，展示從田渕俊夫、中島千波等昭和時代出生的人氣藝術家，到新生代藝術家的作品。館藏作品約有1000件，其中也有筆法大膽、風格抽象等顛覆一般人對於日本畫印象的作品。

`大三島` ▶ MAP 附錄 P.11 D-4

📞0897-82-1234　🈺週一（逢假日則翌日休）　🕘9:00～16:30　💴門票520円
📍愛媛県今治市大三島町宮浦9099-1
🚕大三島IC 7km　🅿50輛

1. 鄰近大山祇神社
2. 主要展示1970～2000年代的作品

使用可參觀3間美術館的「大三島藝術周遊套票」更加划算。1張￥1,000，可於各場館購買。

New Wave Shop

島波海道的新去處

在向島的質感好店停下腳步！

位在尾道對岸的向島，富有品味的隱藏版私房店家正迅速增加中！
搭乘充滿情調的渡船，3分鐘就能抵達。以下就介紹這座小島值得關注的5間店鋪。

真是誘人～！

立花食堂的午餐￥1,100。
包括了主菜、配菜、甜點等等

Have a nice sunny day!

足湯很受自行車騎士喜愛！

品嘗集結了瀨戶內海
美味食材的島嶼餐點

立花食堂　Dining

たちばな食くどう

位在向島立花海岸邊的食堂兼咖啡廳。以瀨戶內海的海鮮及蔬菜為主的定食、甜點雖樸實卻百吃不厭。寬廣的庭院綠意盎然，並設有足湯，吸引許多自行車騎士來此休息。這裡也附設了雜貨店。

1.認明這塊招牌　2.被椰子樹圍繞的庭院充滿熱帶風情。設有露臺座　3.店內氣氛溫馨，除了定食還有海鮮料理　4.寬廣的庭院內還有加了檸檬的足湯　5.由健康度假設施改裝而成

向島 ▶ MAP 附錄 P.9 C-2
☎ 0848-36-5662 休週二～四
🕐 11:00～14:00
📍 広島県尾道市向島町立花287-1
🚌 江の浦巴士站步行7分
🅿 20輛

附設雜貨店

ライフスタイル
life:style
向島
MAP 附錄 P.9 C-2
☎ 0848-36-5661
休 周二～四
🕐 11:00～16:00

販售各種能豐富日常
生活的商品

25cm圓盤
各色￥1,210

colorful!!

親手完成每個步驟…⎠

1.窗邊的座位是特等席　2.巧克力1片¥810～，有數種可可產地　3.可可蘇打¥660，能喝到濃郁的可可風味　4.店內展示了有如藝術作品般的包裝。主要由居住在尾道的年輕創作者所設計，十分有特色
5.從採購可可豆到加工、包裝全都不假他人之手

從山丘上俯瞰大海的巧克力工廠

USHIO CHOCOLATL

Chocolaterie

ウシオチョコラトル

僅以可可豆與砂糖製成的巧克力是這裡的招牌。店面位在陡坡之上的山腰處，可從店內的大片窗戶眺望瀨戶內海。可可蘇打等特製飲料也值得一試。

向島　MAP 附錄 P.9 C-2

☎0848-36-6408　休週二、三
⏰10:00～17:00
♀廣島縣尾道市向島町立花2200
🚗向島IC 3km
🅿使用立花自然活用村的停車場

也要喝喝蔚為向島傳說的在地汽水！

喝得到！只有這裡

1.汽水¥310、玻璃瓶裝果汁各¥270～。常態供應約10種　2.自行車騎士也會造訪的人氣名店

後藤鉱泉所

ごとうこうせんしょ

創業93年的飲料製造、販售所。遵循傳統製法製作的玻璃瓶裝果汁不提供外帶，是只有這裡才能喝到的珍貴飲品。

向島　MAP 附錄 P.9 C-1
☎0848-44-1768　休週三(視時期而異)　⏰8:30～17:30　♀廣島縣尾道市向島町755-2　🚢兼吉港渡船搭乘處步行10分　🅿1輛

以瀨戶內的水果製作極品芭菲

尾道観音山 Fruits Parlour

cafe

おのみちかんのんやまフルーツパーラー

能吃到用無花果、檸檬、蜜柑等減農藥、無農藥的瀨戶內海地區水果製作的芭菲。水果三明治及蜜柑蘇打也很受歡迎。

向島　MAP 附錄 P.9 C-1
☎0848-88-9236　休週二、三(逢假日則營業)　⏰11:00～16:30
♀廣島縣尾道市向島町551　🚢兼吉港渡船搭乘處步行8分　🅿30輛

1.向島第一家水果咖啡廳
2.水果芭菲¥1,540

1.也可外帶
2.愛心巧克力¥453、水果芭菲¥486、咖啡(搭配蛋糕)¥432

古民家重新裝潢而成的蛋糕店

まるひ商店

Cake shop

まるひしょうてん

將屋齡90年的獨棟屋宅再生後的空間，販售使用當令水果製作的蛋糕及烘焙點心。店內還陳設了店主出於興趣蒐集的古董和雜貨。

向島　MAP 附錄 P.9 C-1
☎0848-31-2218　休週三、四(逢假日則營業)　⏰10:00～18:00(咖啡廳為～17:30)
♀廣島縣尾道市向島町2121　🚌馬場的鼻巴士站即達　🅿6輛

向島面積不大，適合騎自行車玩。島上有自行車出租店，也可以在尾道租車後上渡船運過來。

Dolphin Swim

和海豚超近距離接觸！還能一起游泳！

令人憧憬的與海豚共遊體驗

伯方島是島波海道上最小的一座島，卻存在超吸睛的亮點。
在日本最大的海豚農場與海豚一起游泳，身心絕對能被療癒！

套圈圈也是
拿手好戲♪

還常設有
豪華露營用的
帳篷！

"和海豚一起玩耍、游泳
珍貴的療癒體驗"

Very cute!!

先來這裡
辦理手續

園區充滿
南國風情

和海豚當好朋友！
3種方案

☐ **1. Watch** ★★★
參觀行程 ※不需預約
在棧橋上近距離觀看海豚，是最輕鬆的入門
行程。參觀費¥500

☐ **2. Touch** ★★★
互動行程 ※需預約
穿上連身衣及兩鞋後，可以和海豚握手、親
吻等。體驗費¥5,500（需參加講習）

☑ **3. Swim** ★★★
游泳行程 ※需預約
可以在水裡一起游泳等能夠和海豚親近的行
程。詳情請見☞P.81

游泳行程吧！
這次就選擇

島波海豚農場
ドルフィンファームしまなみ

鄰近道之驛 伯方S・C公園，是日本能與海豚近距離接觸
的最大設施。在6隻寬吻海豚的迎賓後，還能參加觀看、
觸摸、游泳3種行程。園區內附設有汽車露營場，可在此烤
肉、豪華露營或是於小木屋留宿。

伯方島 ▶ **MAP** 附錄 P.11 C-2

☎0897-72-8787 　無休
🕐9:00～17:00
📍愛媛県今治市伯方町叶浦甲
1673
🚗伯方島IC即達 🅿100輛

Chu!!

中間還穿插了
有趣的小測驗！

START!

step1

課程中會介紹接下來
要一起玩耍的海豚名
字與特徵

認識海豚的性格及生態

換好潛水衣後，先學習海豚的相
關知識。

體驗 DATA

游泳行程

¥	費　用	¥9,900（11/1～3/14為¥6,600）
⏲	所需時間	約1時間（11/1～3/14為30分）
⏲	開始時間	①9：40 ②10：40 ③13：40 ④14：40 ⑤15：40
予	預　約	透過網站或電話預約之完全預約制

需要準備泳衣及毛巾。收費包含租借潛水衣
等費用。

寬吻海豚
前來迎接！

Dolphin

step2

**向海豚打信號
開始一起玩耍**

終於和海豚面對面了。
摸摸海豚的頭或肚子、
打出信號，拉近彼此的
距離吧！

Touch!
1

Great!
2

3

swim together♪
\游～動/♪

1.頭和肚子摸起來的感覺完全
不一樣　2.拍手是轉圈圈的信
號　3.還會表演直起身體游泳
的特技

1

2

♪ ♫ ♫

FINISH!

感情變得更好了♪

這次是和寬吻海豚小桃一起
玩，謝謝小桃的陪伴♪

step3

**抓住海豚的鰭
和海豚一起游泳囉！**

抓住海豚的鰭，海豚便會奮
力游出去。試試看抓住背鰭
或胸鰭吧！

1.和海豚緊緊靠在一起，增進感情
2.也可以戴上面鏡及呼吸管在水裡觀
察

體驗結束後來份甜點休息一下

用甜點
來搭配絕景

パティスリーティーズカフェたまや
Pâtisserie Tˢs cafe 玉屋

可欣賞瀨戶內海景色的甜點咖啡廳。
從經典款到使用當令水果的口味，
提供種類豐富的蛋糕。

(伯方島)▶
MAP 附錄 P.11 C-2
☎0897-72-0343 ⏰週日 ⏰10：00～16：30（販售為～17：00）♀愛媛
県今治市伯方町有津2328 ₪伯方島IC車程3km Ⓟ8輛

整顆水蜜桃 ¥750（6月中旬～8
月中旬）等品項

鹽類伴手禮
就在這裡挑選

マリンオアシスはかた
マリンオアシスはかた

有販售伯方島特產的商店與餐
廳。除了伯方鹽之外，還能買到
鹽羊羹等產品。

(伯方島)▶ MAP 附錄 P.11 C-2
☎0897-72-3300 ⏰無休，但有冬季休業 ⏰10：00～16：00
⏰週六、假日為9：00～17：00 ♀愛媛県今治市伯方町叶浦
甲1668-1 伯方S・C公園內 ₪伯方島IC附壁 Ⓟ300輛

鹽味霜淇淋
¥350

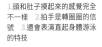

Experience

與海豚共遊體驗

マリンオアシスはかたは就在島波海豚農場隔壁，可在體驗行程前後順道造訪。

為各位介紹五花八門的海鮮美食！

Sea Food

極品海味全員到齊

島波海道的海鮮美食魅力無法擋！

造訪被瀨戶內海圍繞的島波海道，豈可錯過品嘗海鮮的機會！
從最經典的名物丼到燒烤，透過各式各樣的吃法徹底享用瀨戶內海的海味。

排隊才吃得到、前魚店經營的餐廳

Rice bowl

お食事処 大漁
おしょくじどころたいりょう

位在大山祇神社正門附近，一開店便大排長龍的人氣名店。過去賣魚的老闆所挑選的海鮮新鮮又美味，深受好評。著名的海鮮丼更是排隊也值得的品項。建議早一點來，先在門口的預約單上登記候位。

大三島 **MAP** 附錄 P.11 D-4
☎0897-82-1725 🏠週六、日 ⏱11:30～15:00
📍愛媛県今治市大三島町宮浦5507-1 🚌大山祇神社前巴士站即達 🅿無

放了滿滿新鮮魚料！CP值超高的海鮮丼！

menu
全都放上去丼
¥1,680

醋飯上鋪著鮪魚、海膽、鮭魚卵等10種海鮮

1.大排長龍的名店　2.飯類以外的紅燒魚等料理都是自助式。丼類及壽司大多都只要￥500左右，價格實惠

Rice bowl

無論鮮魚或餐具全部都是因島產！

menu
芝麻拌醃鮪魚丼
（附飲料）¥1,540

使用自因島的鮮魚店。一色商店採購的食材

開店資訊請於官網確認。另外還有每日甜點及咖啡，也可以只點咖啡廳類的餐點

週末限定的
在地海鮮午餐

無敵海景近在眼前！

たくま商店
たくましょうてん

此處是可包棟的海邊民宿，客廳當作分租空間使用，週末有海鮮丼店家「島のごはん」在此營業。盛裝在地海鮮的器皿是住在因島的藝術家吉野瞬所製作。

因島 ▶ **MAP** 附錄 P.9 C-3
☎0845-23-7640 🏠食堂為週一～五
🍴食堂為週六、日11:00～15:00
📍広島県尾道市因島田熊町4703-3
🚌因島南インター入口巴士站步行3分
🅿4輛

Pasta

以大島產螺螺作為主角的極品義大利麵

Dessert!

menu
螺螺義大利麵 ¥1,300
吃得到螺螺高湯風味的極品。除了醃漬物外，夏季附沙拉、冬季附湯

1.紅色屋頂相當醒目　2.露臺座在春天及秋天時能聽到鳥鳴、感受清風吹拂，因此十分搶手
3.附當令水果與優格的甜點盤 ¥600

綠意圍繞的咖啡廳
繽紛色彩賞心悅目

Tomoura Site
トモウラサイト

在這個獨棟住宅改裝成的空間可以吃到島上食材製作的義大利麵及甜點。使用了大島產螺螺的義大利麵鮮味濃郁，特別受歡迎。擺設手工雜貨及家具的店內洋溢著異國風情。

大島 ▶ MAP 附錄 P.11 C-3
☎090-1177-3545　休週一、二、不定休，12月底～2月底為冬季休業
⏰12:00～16:00
📍愛媛縣今治市宮窪町友浦664-2
🚗大島北IC 6km　🅿6輛

來島海峽的鮮魚與在地蔬菜應有盡有

道之驛
Yoshiumi Ikiiki館
みちのえきよしうみいきいきかん

位於來島海峽大橋的公路休息站，在這裡能夠以炭火燒烤的方式品嘗活海鮮。除了事前預約的全餐外，也可單點海鮮、肉類、蔬菜等。隔壁餐廳的海鮮定食及丼飯也很受歡迎。

大島 ▶ MAP 附錄 P.10 B-4
☎0897-84-3710　休無休，有冬季休業　⏰9:00～17:00，餐廳為11:00～15:00，海鮮燒烤為10:00～15:00　📍愛媛縣今治市吉海町名4520-2　🚗大島南IC 1.5km　🅿112輛

1.附設販售島上特產的伴手禮店
2.海鮮燒烤是在帳篷區享用，冬天還會有牡蠣吃到飽

Barbecue

menu
海鮮炭火燒烤套餐
（事前預約制）
¥2,200～
能吃到螺螺及名產緋扇貝等食材。2人份～

大啖炭火燒烤的活跳跳海鮮

在道之驛 Yoshiumi Ikiiki館還能搭乘觀潮船近距離觀看來島海峽的洶湧波濤。船票 ¥1,800。

Good Location Cafe
在好地方稍事歇息

於景觀咖啡廳享受「瀨戶內海時光」

走訪各島嶼的景點時如果累了，就找間咖啡廳坐坐，欣賞海面閃爍的波光吧。
除了瀨戶內海的多島美絕景，店裡的美味餐點及優質空間也值得細細品味。

擁有能眺望瀨戶內海的露臺座位，想在這樣的咖啡站享受優閒的時光

しまなみコーヒー

提供現場磨豆的手沖咖啡、使用大三島產檸檬等水果的鮮榨柑橘類果汁等。白色的露營拖車在藍色的天空與海水的襯托下更顯耀眼。點好餐後就找個海景露臺座位慢慢享用吧。

大三島 ▶ **MAP** 附錄 **P.8 A-4**
☎090-4977-8191
休週一～五（逢假日則營業），視季節及天候變動
🕙10:00～17:00
📍愛媛県今治市上浦町井口7594-1
大三島IC即達
🅿無

1.位在可眺望瀨戶內海的山丘上。露天座位的視野非常開闊！　2.使用大三島產檸檬的鮮榨檸檬汁¥580，也有蘇打飲品　3.咖啡是顧客點餐後才磨豆、悉心沖泡　4.認明白色的露營拖車　5街帶著まるまど
▶P.73的麵包來這裡搭配咖啡享用也不錯

所有座位都面海的絕佳位置

位於橋畔的海風咖啡廳

能夠眺望大海的夏威夷鬆餅咖啡廳

open sandwich

1.包括了主菜、配菜、開胃小菜的Bubuka午餐￥1,290　2.使用天然酵母自製麵包製作的開放式三明治￥480～　3.2樓的座位有吊床

sweets

1.由露臺座遙望生口橋　2.使用八朔橘製作的白巧克力蛋糕￥500　3.許多自行車騎士也會造訪

1.椰子奶油鬆餅￥850　2.位在橡樹下的店面提供閒適愜意的空間　3.放眼望去便是海景

Gourmet

景觀咖啡廳

Bubuka-步步海
ぶぶか

空間開闊的2樓、有如包廂的簷廊等所有座位都看得到海的景觀咖啡廳。擁有日本料理經驗的老闆使用契約農家的無農藥蔬菜、瀨戶內海的天然海鮮等食材製作的料理值得品嘗。

大三島 ▶ MAP 附錄 P.10 B-2
☎0897-83-1558　休週三、四　🕐11:00～16:00（晚間為預約制）　♀愛媛縣今治市大三島町宗方7395-2　🚲大三島IC 12km　🅿8輛

菜のはな
なのはな

波光粼粼的海面與眼前的生口橋一同描繪出的壯麗風景深受好評。表面酥脆、內層Q彈的自製鬆餅是這裡的人氣美食。也有提供早餐及午餐。

因島 MAP 附錄 P.9 C-3
☎0845-25-6787
休週一、第3個週二（逢假日則翌日休）
🕐8:30～17:30
♀廣島縣尾道市因島田熊町4701-2
🚲因島北IC 5km　🅿4輛

WILLOWS NURSERY
ウィローズナーサリー

能吃到100%使用無農藥日本產麵粉製作、口感濕潤的夏威夷鬆餅。所有座位皆是戶外露臺席，能夠同時飽覽眼前的整片景致。

向島 MAP 附錄 P.9 C-2
☎0848-51-7773　休週二、三
🕐11:00～16:00
♀廣島縣尾道市向島町立花250-4
🚲江の浦巴士站步行10分
🅿5輛

PICK UP!! 於露臺席享用柑橘義式冰淇淋

使用在地水果的自然路線義式冰淇淋店

しまなみドルチェほんてん
しまなみドルチェ本店

能吃到使用瀨戶田的檸檬及新鮮柑橘製作的義式冰淇淋，常態提供約10種口味，吃起來滑順又清爽。坐在聞得到海水氣味的露臺座，邊觀賞海景邊享用吧。

生口島 MAP 附錄 P.8 B-3
☎0845-26-4046　休無休
🕐10:00～17:00　♀廣島縣尾道市瀨戶田町林20-8　🚲生口島北IC 4km　🅿80輛

Nice view!

1.天氣好時能看到佐木島、高根島、尾島等地　2.義式冰淇淋雙球￥600。圖為瀨戶田肚臍柑與香草的組合

　WILLOWS NURSERY也有販售正餐類的鬆餅。

Souvenir

除了檸檬還有各種名產
島波海道柑橘伴手禮名冊

說到島波海道的伴手禮，當然不能忘了用盛產的柑橘類水果做成的商品！
充滿在地特色的八朔橘、香橙、蜜柑，各種清爽的土產任你挑選。

因島是八朔橘的發源地！

八朔橘

10月上旬～7月中旬限定

Ⓐ
「JA尾道市」的
糖漬因島八朔橘
¥500
以清爽的糖漿醃漬八朔橘果肉。吃起來清爽好入口

Ⓒ
「因島 はっさく屋」的
八朔橘大福 1個¥200
以石臼搗成的蜜柑麻糬與白豆沙餡內包有八朔橘，酸味與甜味形成絕妙的平衡

Ⓐ
「JA尾道市」的
因島八朔橘果凍
1個¥145
吃得到滿滿果肉，甜度適中的果凍。冰過以後更好吃！

Ⓓ
「博愛堂」的
八朔橘
蕨餅
¥781
使用滿滿果汁與和三盆糖製作，甜味溫和、口感Q彈。可搭配含果肉的醬汁享用

Ⓑ
「松愛堂」的
八朔橘沙布列派
1片¥130
微微的清新香氣將奶油風味襯托得更可口，酥脆的口感也很讚

Ⓑ
「松愛堂」的
八朔橘奶油蛋糕 1片¥216
八朔橘與白蘭地的香醇氣味在口中擴散開來。濕潤的口感也是美味的秘訣之一

Shop list

八朔橘伴手禮一應俱全的銷售處

ええじゃんおのみちむかいしまてん

A ええじゃん尾道 向島店

販售向島的農家培育的蔬菜、水果及柑橘伴手禮。因島八朔橘果凍、糖漬因島八朔橘等獨家商品深受好評,很適合當作伴手禮。

因島 ▶ **MAP** 附錄 P.9 C-1
☎0848-20-6008 **休**無休 **🕐**9:00～12:00 **♀**広島県尾道市向島町5863-1 **🚗**向島IC 2km **🅿**20輛

大正時代創業的和洋菓子店

しょうあいどうなかのしょうてん

B 松愛堂 中庄店

創業超過100年的糕點老店。販售八朔橘等名產以及使用自製餡料製作的和洋菓子等。店內設有內用區。

因島 ▶ **MAP** 附錄 P.9 C-3
☎0845-24-3900 **休**週四(逢假日、活動舉辦日則營業) **🕐**9:00～19:30 **♀**広島県尾道市因島中庄町678-1 **🚗**因島北IC 2km **🅿**5輛

水果大福擁有眾多忠實愛好者

いんのしまはっさくや

C 因島 はっさく屋

位在因島大橋紀念公園內的麻糬點心店。除了八朔橘大福外,還有整顆蜜柑大福、葡萄甘夏大福。店面位在可望見因島大橋的絕佳位置。

因島 ▶ **MAP** 附錄 P.9 C-2
☎0845-24-0715 **休**週一、二(逢假日則翌日休) **🕐**8:30～售完打烊 **♀**広島県尾道市因島大浜町246-1 **🚗**因島北IC 5km **🅿**30輛

D 博愛堂 ≫P.27

E life:style ≫P.78

島波海道伴手禮品項豐富

みちのえきしまなみのえきみしま

F 道之驛 島波之驛御島

位在大山祇神社旁的公路休息站,集結了柑橘加工品、在地水果等各種島波海道的伴手禮。附設提供周邊觀光資訊的服務處。

大三島 ▶ **MAP** 附錄 P.11 D-4
☎0897-82-0002 **休**無休 **🕐**8:30～17:00 **♀**愛媛県今治市大三島町宮浦3260 **🚗**大三島IC 7km **🅿**33輛

檸檬
etc.

E
「cosakuü」的
果醬
120g ¥972～

使用島上的無花果及大崎上島的檸檬等瀨戶內地區的食材搭配香料,打造出口味富含深度的果醬

蜜柑

F
「大三島果汁工業」的
瀨戶內蜜柑果凍 1個¥170
吃得到滿滿蜜柑果肉,酸味也恰到好處的果凍。復古風的包裝也很受喜愛

F
「ホリ田ヤ」的
蜜柑果汁
500㎖ ¥390
清見橘果汁
500㎖ ¥450
肚臍柑果汁
500㎖ ¥450

使用整顆島產蜜柑搾成的100%果汁。喝得到自然的甜味,酸味也剛剛好

　入冬以後,伴手禮店或公路休息站等地都會販售剛採收的柑橘。

讓絕景與溫泉幫你暫時關機

在能夠感受島波海道風情的旅宿慢活留宿

不要忙著參觀景點，悠悠哉哉地窩在每天只招待1組旅客的民宿或海景飯店，
充分感受極致的島波海道慢活。以下為大家介紹值得為了住宿專程造訪的「慢活旅宿」。

Ocean view!

蜜柑園與瀨戶內海近在眼前，
營造出日常生活感的住宿空間

超廣角視野將
疲憊一掃而空

慢活POINT
1天僅招待1組
的包棟民宿
四周都是蜜柑園
的獨棟民宿，可
以完全擁有自己
的隱私空間

走下山丘還有私人海灘

客房很時尚！

STAY DATA
純住宿1晚 ¥8,800
（＋住宿人數×¥3,300）
In 15:30　Out 10:00

攝影／kai nakamura

海soraアネックス
うみソラアネックス

蜜柑農家所經營的包棟民宿。
眼前便是蜜柑園與海景，能在此
好好享受緩緩流動的島嶼時光。
僅提供最基本的純住宿，可以自
己採買食材下廚。Bubuka（▶
P.85）就位在走路可到的範圍
內。

大三島
MAP 附錄 P.10 B-2
☎0897-74-1318
📍愛媛縣今治市大三島
町宗方7450　🚢大三島
IC 12km　🅿2輛

**還有賣自家栽種
蜜柑製作的伴手禮!!**

老闆以自然農法栽種的蜜柑製作的伴手
禮，每一款風味都很濃郁。

蜜柑蜂蜜
¥750

蜜柑果醬
¥750

蜜柑汁¥1,000

1.木造平台空間開闊，瀨戶內海盡收眼底　2.寢室為3坪大的和室　3.廚房備有基本的烹調器具、餐
具、調味料　4.擺放大餐桌的餐廳

Inland Sea Resort Fespa
インランド・シー・リゾートフェスパ

位於弓削島，必須搭乘渡輪前往，旅情感滿分。所有客房皆能看到海景，裝潢為簡約摩登風格。可欣賞瀨戶內海景色的露天浴池、按摩池讓住客實際感受到遠離了日常喧囂。

弓削島 ▶ MAP 附錄 P.9 C-4
☎0897-77-2200 ♀愛媛縣上島町弓削日比287 ♥フェスパ巴士站即達(有生名立石港的接送服務) Ｐ50輛

在瀨戶內海度假飯店
沉醉於多島美絕景

STAY DATA
1泊2食 ¥16,800～
In 15:00　Out 10:00

1

慢活 POINT
坐擁無敵海景的度假飯店
所有客房與露天浴池都能欣賞到瀨戶內海的多島美

弓削島的「夢島海道」也很適合騎自行車！

3 2

1.在露臺欣賞沒入瀨戶內海的夕陽　2.營造出南國風情的浴場　3.附設露天浴池的特等大套房。雙床 ¥24,200～

海宿 千年松
うみやどせんねんまつ

全部客房皆有海景，瀨戶內海孕育的活海鮮直接做成的料理也深受好評。也可以純用餐（需預約，¥7,260～）或純泡湯。能眺望大海的海水露天浴池讓人從內到外全身都暖起來。

在料理旅館大啖
瀨戶內海美食

大島 ▶ MAP 附錄 P.10 B-4
☎0897-84-4192
♀愛媛縣今治市吉海町名駒25
♥大島南IC 4km Ｐ50輛

慢活 POINT
來島海峽的海鮮與海水露天浴池
當天捕獲的新鮮海產與海景露天浴池為最大賣點

3

STAY DATA
1泊2食 ¥16,830～
In 15:00　Out 10:00

2

1.使用大島特產花崗岩打造的露天浴池十分氣派
2.以大洲和紙與灰泥藝術裝飾的西式客房很受歡迎
3.能吃到來島海峽捕獲的鯛魚等做成的新鮮生魚片

＆ MORE

今治也有深受自行車騎士喜愛的青年旅館

CYCLO NO IE
シクロのいえ

1樓為咖啡廳兼會客廳，2樓則為寢室。寢室有附包客房、獨立客房、膠囊型等各種房型。

今治 ▶ MAP 附錄 P.2 A-4
☎0898-35-4496 ⛁IN 16:00／OUT10:00 ¥純住宿2,900円～ ♀愛媛縣今治市北宝町1-1-12 ♥JR今治站即達 Ｐ無

1

2

1.非住宿旅客也可以在咖啡廳消費 2.供訪客使用的咖啡廳兼會客廳

Healing

慢活留宿

由小學校舍改裝而成、位在今治市岩田健母與子美術館（▶P.77）隔壁的「大三島 憩の家」（▶P.23）也很受關注。

COLUMN
SWEETS

Lemon Cake

最經典的島波海道伴手禮

個性鮮活的檸檬蛋糕大比拼

甜度、香氣、酸味全都一目瞭然！

在島波海道旅遊時最常看到的伴手禮，就是手掌心大小的「檸檬蛋糕」。

趕快來看看各大名店精心呈現的原創風味有何獨到之處！

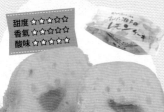

Ⓐ
甜度 ★★★☆☆
香氣 ★★★★☆
酸味 ★★★★★

瀬戸田 梅月堂的
酸溜溜
瀬戸田檸檬蛋糕
¥200
蛋糕內包著檸檬汁
做成的果凍，吃起
來濃郁且酸味強
烈，讓人印象深刻

甜度 ★★★★☆
香氣 ★★★☆☆
酸味 ★★★☆☆

Ⓒ クレメント的
瀬戸田檸檬蛋糕
¥140
蛋糕中加入了芳香的杏
仁粉，表面則裹上檸檬
巧克力

Ⓓ
島ごころ的
瀬戸田檸檬蛋糕 島ごころ
¥250
包入自製檸檬果醬打造
出經典好滋味。咬下時
可感受到檸檬香氣在口
中擴散開來

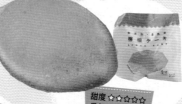

Ⓔ
あじば農園的
無添加・自然派檸檬蛋糕 ちーとすいー
¥270
柑橘農家所製作的無添加蛋
糕。檸檬為連皮使用，令酸味
與香氣更加強烈
※於平山郁夫美術館等地販售

甜度 ★★★☆☆
香氣 ★★★★☆
酸味 ★★★★☆

I love lemon cake!

甜度 ★★★★☆
香氣 ★★★☆☆
酸味 ★★★☆☆

Ⓑ
向栄堂的
檸檬蛋糕
¥170
屬於稍微偏甜的傳統
口味，表面裹上了檸檬
風味的巧克力

甜度 ★★★★☆
香氣 ★★★☆☆
酸味 ★★★☆☆

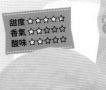

Shop list

Ⓓ しまごころ
島ごころ ≫P.26

Ⓔ ひらやまいくおびじゅつかん
平山郁夫美術館 ≫P.77

Ⓒ クレメント
生口島 MAP 附錄 P.8 B-3
☎0845-27-1331 休不定休
⏰9:00～18:30 ♀広島県尾道
市瀬戸田町中野405-14 🚌生口
島北IC 6km 🅿4輛

Ⓑ こうえいどう
向栄堂
生口島 MAP 附錄 P.8 B-3
☎0845-27-0134 休週四
⏰7:00～18:00 ♀広島県尾道
市瀬戸田町瀬戸田229 🚌生口
島北IC 8km 🅿無

Ⓐ せとだばいげつどう
瀬戸田 梅月堂
生口島 MAP 附錄 P.9 D-4
☎0845-27-0132 休週四
⏰8:30～18:00 ♀広島県尾道
市瀬戸田町瀬戸田546 🚌生口
島北IC 7km 🅿10輛

充滿可愛元素的港都

Onomichi

尾道是個被瀨戶內海與群山圍繞的坡道城市。
看是要去到海邊愜意購物，
抑或是爬上坡道欣賞絕景，
讓我們朝著讓人雀躍不已的復古港町前進。

Have a
happy
time

KARASAWA
≫P.98

Nice View

充滿坡道城市風情的拍照景點

絕景×懷舊風情的坡道巡禮

說到尾道最大的亮點，就是千光寺周邊的坡道地區。現在就前往那些遍布在坡道、由海洋和寺院以及山丘交織出迷人的景觀、讓人不禁想拍下照片的景點吧。

過了平交道就是坡道

巡禮方式的訣竅

1. 從山頂散步下山是王道路線

先直接搭纜車到山頂，然後沿著有如迷宮般的坡道一路散步下山，就是最理想的路線。

2. 穿運動鞋之類好走的鞋

由於有許多石板路及階梯，建議不要穿高跟鞋，盡量選擇運動鞋等好活動的鞋。

ⓓ 天寧寺海雲塔
てんねいじかいうんとう

約650年前足利義詮所創建之佛寺內的三重塔。從高處眺望時，坡道、海、寺院同框的絕景美到令人屏息，也是尾道獨有的特色。

尾道 ▶ MAP 附錄 P.13 C-3
📞0848-22-2078 🕐自由參觀
📍尾道市東土堂町17-29 🚶JR尾道站步行15分 🅿無

ⓒ 文學小徑
ぶんがくのこみち

從千光寺山山頂至山腰，全長約1km的步道。沿途立有25座文學碑，刻有志賀直哉等與尾道有淵源的作家、詩人、歌人作品中的語句。

尾道 ▶ MAP 附錄 P.12 B-2
📞0848-36-5495(尾道觀光協會) 🕐自由參觀 📍尾道市西土堂町 千光寺公園內 🚶千光寺山纜車山頂站即達 🅿無(使用千光寺公園停車場)

ⓑ 千光寺公園
せんこうじこうえん

範圍從千光寺山的山腰一直到海拔144.2m的山頂。從位於山頂的展望台可眺望尾道水道及島波海道的向島。

尾道 ▶ MAP 附錄 P.12 B-2
📞0848-36-5495(尾道觀光協會) 🕐無休 🕐自由參觀 尾道市東土堂町19-1 🚶千光寺山纜車山頂站即達 🅿70輛

ⓐ 千光寺
せんこうじ

相傳歷史超過1200年的真言宗名剎。位於千光寺山山腰的朱紅色本堂可說是尾道代表性的存在。這裡也是以締結良緣著稱的知名能量景點。

尾道 ▶ MAP 附錄 P.13 C-2
📞0848-23-2310 🕐無休
🕐9:00~17:00 🕐自由捐獻
📍尾道市東土堂町15-1 🚶千光寺山纜車山頂站步行10分 🅿無(使用千光寺公園停車場)

Nya~n

別錯過這樣的美景！

沿路會看到許多刻在天然岩石上的文學碑

C 立有25座文學碑的步道

A1.從纜車以最佳角度取景　A2.據說寫下心願供奉給「許願地藏」心願便會實現　A3.繪馬是愛心形狀！

A2

A1

A 代表尾道的美麗朱紅色建築

Beautiful...!

A3

浄

D 尾道最精華的美景在此盡收眼底

海雲塔為重要文化財

從千光寺山頂展望台PEAK眺望尾道水道

B 360度的環景視野

千光寺新道是尾道代表性的坡道

season highlight

2　1

千光寺公園是入選「日本百大賞櫻名勝」的景點　染井吉野約1500株櫻花樹在此綻放

&MORE

途中造訪坡道商店&咖啡廳

monolom
モノロム

飾品創作者所經營的工作室兼商店。販售自日本國內外挑選、出自藝術家之手的器皿、工藝品等。

尾道 ▶ MAP 附錄 P.12 B-3

☎070-1873-8248　⏸不定休
🕐11:00~17:00　♀尾道市東土堂町8-34
🚶JR尾道站步行10分　🅿無

店內氣氛寧靜閒適，還能看到海

ごはんと珈琲アルト
ごはんとこーひーアルト

屋齡超過50年的民家重新裝修成氛圍復古的咖啡廳。能吃到使用檸檬等在地食材製作的午餐及甜點。

尾道 ▶ MAP 附錄 P.12 B-3

☎0848-29-9222　⏸週日~二
🕐12:00~20:00　♀尾道市西土堂町8-13
🚶JR尾道站步行10分　🅿無

大叔起司蛋糕¥550、咖啡¥450~

尾道ゲストハウス みはらし亭
おのみちゲストハウスみはらしてい

由富商所興建、屋齡約100年的別墅改裝而成的青年旅館兼咖啡廳酒吧。窗邊的吧檯座位可望見尾道水道。

尾道 ▶ MAP 附錄 P.13 C-3

☎0848-23-3864　⏸不定休　🕐8:00~
9:30、15:00~21:30（週六日・假日為11:00~
21:30）　♀尾道市東土堂町15-7　🚶JR尾道
站步行20分　🅿無

季節糖漿蘇打（季節限定）鮮紅莓果風味¥490、檸檬奶油美式餅乾（附楓糖漿）¥380

Onomichi Lunch

沒吃到這些就不能算是來過！
要列入清單的尾道午餐在此集結

造訪尾道後當然要吃長年來深受在地人喜愛的經典美食！帶你一訪排隊才吃得到的尾道拉麵，
以及使用瀨戶內地區山珍海味製作的正統料理等尾道人氣店家。

Must eat!

つたふじ

從路邊攤販起家，歷史超過60年的人氣名店。招牌餐點中華拉麵使用以豬骨與小魚乾為基底、口味溫順的醬油湯頭，搭配碎屑形狀的豬背脂造就完美比例。麵條為細直麵，自製叉燒越嚼越能感受到鮮味在口中擴散。

尾道 ▶ MAP 附錄 P.13 C-3
☎ 0848-22-5578
休 週一、二
⏰ 11:00～16:00（售完打烊）
📍 尾道市土堂2-10-17
🚃 JR尾道站步行15分
🅿 無

1.中華拉麵（中）¥650。細直麵與口味樸實的湯頭非常搭　2.午餐時段要排隊才吃得到，深受當地人好評的熱門店家
3.店內空間不大，僅有吧檯座

魚貝高湯的鮮味搭配直麵條超對味！

COLLECTION 1

尾道拉麵
浮著豬背脂的醬油口味湯頭與扁麵為最大特色的在地拉麵

最好一開門就來

めん処みやち
めんどころみやち

創業超過70年的老店。前一代老闆傳承下來的湯頭使用了雞骨、豬骨、小魚乾熬煮高湯，打造出清爽又香醇的滋味。以小蝦炸什錦搭配微捲麵的天婦羅中華拉麵是這裡的招牌。

尾道 ▶ MAP 附錄 P.12 B-3
☎ 0848-25-3550
休 第2個週三、四
⏰ 11:00～18:00
📍 尾道市土堂1-6-22
🚃 JR尾道站步行7分
🅿 無

1.天婦羅中華拉麵（中）¥730。中細捲麵很適合搭配天婦羅　2.店內空間色彩繽紛　3.入口位在尾道本通商店街的小巷內

增添了香醇滋味的天婦羅麵衣是美味的關鍵

COLLECTION 3

瀬戸內法國料理
使用瀬戸內地區當令食材烹調的休閒風法國料理

色彩鮮艷誘人的 休閒風法國料理

1

大啖牡蠣之餘還能欣賞尾道水道

☆ ★ ☆

COLLECTION 2

瀬戸內海海鮮
使用海味製作的佳餚也是亮點。牡蠣料理更是不可錯過！

1

Gourmet

尾道午餐

Restaurant ONOMICHI L'ESPOIR du CAFÉ
レストランおのみちレスポワールドゥカフェ

以吸睛的厚實紅磚外觀展現穩重氣息的歐風餐廳，可在此輕鬆享用以世羅高原的蔬菜等瀬戸內地區的山海食材烹調的法國料理。午餐也提供和牛漢堡排等洋食餐點。種類豐富的甜點也充滿魅力。

尾道 ▶ MAP 附錄 P.12 A-4
☎0848-24-1154 休週二（逢假日則翌日休） ⏰11:00～14:30、17:00～20:30 📍尾道市西御所町14-5 🚉JR尾道站步行7分 🅿23輛

1.法式休閒風午餐￥2,680。香煎瀬戸內海鯛魚佐白酒美式龍蝦醬
2.店內空間寬敞開闊 3.由過去曾為海運倉庫的建築改裝而成

尾道WHARF
おのみちワーフ

位在木造平台上、空間開闊的餐廳。能吃到生牡蠣、炸牡蠣等各種牡蠣料理的午餐很受歡迎。另一項獨到之處是可以品嘗來自不同產地的生牡蠣，比較風味有何不同。

尾道 ▶ MAP 附錄 P.12 A-4
☎0848-38-2200 休不定休 ⏰11:30～14:30、17:30～21:00（週六日、假日為11:30～21:00） 📍尾道市東御所町9-1 🚉JR尾道站即達 🅿無

1.牡蠣特餐 ￥2,052。主菜可選擇牡蠣奶油義大利麵或橄欖油蒜味牡蠣。生牡蠣搭配瀬戸田產檸檬享用更加美味 2.從落地窗也能望見尾道水道 3.店面位在海邊

PICK UP!! 庶民美食尾道燒！

いわべえ

深受在地人喜愛的御好燒店。老闆以純熟的火候煎出的御好燒凝聚了雞胗及花枝天婦羅煎餅的鮮味。分量不大且容易入口，讓人三兩下就吃光光。

尾道 ▶ MAP 附錄 P.13 C-3
☎0848-37-2325 休週四（逢假日則營業） ⏰11:30～14:00、17:00～19:00 📍尾道市十四日元町1-23 🚉JR尾道站步行15分 🅿無

What's 尾道燒!?
放了雞胗及經典零嘴花枝天婦羅煎餅，尾道特有的御好燒

1.位於尾道本通商店街，老闆精湛的調理手法很有看頭 2.尾道燒 ￥950。吃得到滿滿的切塊雞胗與花枝天婦羅煎餅，還加了蛋及炒麵

特產店等處可以買到伴手禮用的袋裝尾道拉麵。

Retro Cafe

口味及氣氛都沒話說

在復古風咖啡廳度過美妙的甜點時間♪

尾道有許多讓人少女心大爆發的可愛復古風咖啡廳！
在一不小心就會久坐、氣氛迷人的空間大口享用甜點。

在洋溢大正浪漫的空間
享用復古又可愛的甜點

menu
白狐起司蛋糕
¥650
晚安冰淇淋蘇打
¥700

喫茶 キツネ雨
きっさキツネあめ

以水晶燈及花窗玻璃裝飾的咖啡廳。能吃到狐狸造型的自製生起司蛋糕及烙上了狐狸圖案的鬆餅等可愛爆表的喫茶店餐點。

尾道 ▶ MAP 附錄 P.13 C-3

無 休週二～四 9:00～10:00
（預約制）、12:00～16:00
尾道市久保2-11-17
JR尾道站步行20分
P無

1.狐狸招牌很有特色　2.奶油起司與檸檬的酸味完美契合。搭配撒上金平糖的冰淇淋蘇打一起享用吧
3.金黃色鬆餅¥750僅於12:00～17:00供應　4.店內充滿古典氣息

尾道浪漫珈琲 本店
おのみちろまんこーひーほんてん

在尾道等地開設了7間店鋪的自家烘豆咖啡廳。可在以紅磚牆及樸實穩重的擺設裝潢的店內喝到虹吸壺沖煮的咖啡。也有鬆餅、披薩、焗烤料理等餐點。

尾道 ▶ MAP 附錄 P.13 C-3

0848-37-6090 無休
8:30～17:30
尾道市十四日元町4-1
JR尾道站步行15分
P無

menu
原味鬆餅
¥693
獨家特調咖啡
¥539

1.位在尾道本通商店街內，深受在地人喜愛　2.人氣飲品是深度、醇度、爽口度形成完美比例的獨家特調咖啡

享用鬆餅時別忘了
來杯自家烘豆咖啡

以茶為主題的復古風咖啡廳

きっちゃ初
きっちゃうい

位在木造公寓改裝成的複合設施三軒家公寓
內。能一嘗向靜岡的茶農採購的日本茶以及茶
類甜點。

尾道 ▶ MAP 附錄 P.12 A-3

☎無 休週二、三 🕙7:30〜16:30 📍尾道市三
軒家町3-26 🚃JR尾道站步行3分 Ｐ無

1.焙茶拿鐵￥500、焙茶布蕾￥500 2.三軒家公寓共有10間店鋪

茶房COMMON
さぼうこもん

鬆餅外皮酥脆，內層鬆軟，有奶油、
卡士達奶油等多種口味。使用了約10
種在地水果的季節限定口味更是受到
好評。

尾道 ▶ MAP 附錄 P.13 C-3

☎0848-37-2905
休週二(逢假日則營業，有補休)
🕙10:30〜17:00
📍尾道市長江1-2-2
🚃JR尾道站步行15分 Ｐ10輛

> 在地人也說讚的
> 鬆餅專賣店

menu
樹莓與
奶油起司
冰淇淋鬆餅
￥880

1.外帶請至隔壁店面 2.店內的巨大梁柱讓人印象深刻 3.自家製香草奶油與熱騰騰的
鬆餅很對味。氣泡紅茶￥720也很受歡迎 4.在冰紅茶中加入手搾柑橘的SUNSET
DRINK￥770為現點現做

> 在校舍風格的咖啡廳
> 時光跳躍！

menu
あくび特製
布丁芭菲
￥880

あくびカフェー

空間有如木造校舍，提供自製蛋糕及營養午餐
風餐點。店內還有班級日誌樣式的菜單等各種
令人懷念的物品。附設於青年旅館「あなごの
ねどこ」。

尾道 ▶ MAP 附錄 P.13 C-3

☎050-5240-3127 休週四、隔週週三 🕙11:00
〜16:30 📍尾道市土堂2-4-9 🚃JR尾道站步行
15分 Ｐ無

1.入口處的裝飾都非常有特色 2.店內擺設了過去實際在學校使用的黑板及椅子等
3.放了使用黍砂糖的卡士達布丁和特製餅乾等、甜味溫和的芭菲 4.以自家製糖漿調製
的氣泡飲￥605

きっちゃ初所在的三軒家公寓還有販售古董雜貨的舊貨商店等。

Onomichi Goods

不管是這個還是那個都想入手！

尾道的美味&可愛商品全員到齊

商店街、海邊的街道及充滿韻味的小巷弄裡有各種伴手禮等你來發現！
從尾道產的逸品到古早味甜點，五花八門的種類齊聚一堂。

許多店都會在
下午6點左右就打
烊，要多加注意！

C 溫和的甜味中吃得到大量果肉

（左起）八朔橘布丁、
無花果布丁、
檸檬布丁 各¥390

蜂蜜奶油
甜甜圈 ¥210

A 超討喜愛心造型的健康概念甜甜圈

D 品嘗古早味的手工冰淇淋最中

雞蛋最中、
抹茶最中(10～3月中旬)
芝麻最中(11～12月中旬)
各¥170

B 外觀很可愛的無添加魚板

（左）柿天 ¥300
（中）駒燒 ¥280
（右）茶壺 ¥330

桂馬

からさわ
D KARASAWA

海岸通

以冰淇淋最中廣為人知。口味
清爽的雞蛋冰淇淋是經典招
牌口味，因應季節還會推出抹
茶、巧克力等口味。

尾道 ▶ MAP 附錄 P.12 B-3
☎0848-23-6804 休週二（逢假
日則翌日休，10～3月另休第2個
週三）🕐10:00～19:00（10～
3月為～18:00）♀尾道市土堂
1-15-19 ♨JR尾道站步行7分
🅿10輛

おのみちええもんや
C 尾道ええもんや

尾道本通商店街

尾道最大的伴手禮店，販售尾
道拉麵等約500種商品。店內
有如粗點心店般的懷舊風格十
分迷人。

尾道 ▶ MAP 附錄 P.13 C-3
☎0848-20-8081
休不定休
🕐10:00～18:00
♀尾道市十四日元町4-2
♨JR尾道站步行15分
🅿無

けいまかまぼこしょうてん
B 桂馬蒲鉾商店

尾道本通商店街

創業110年的魚板店。以瀨戶
內海捕獲的鮮魚作為原料且不
使用添加物製成的魚板深受好
評。

尾道 ▶ MAP 附錄 P.12 B-3
☎0848-25-2490 休週四
🕐9:00～17:00 ♀尾道市土
堂1-9-3 ♨JR尾道站步行5分
🅿15輛（消費500円以上可免費
停車30分、2000円以上可免費
停車1小時）

ゆうやけカフェドーナツ
A 夕やけカフェドーナツ

海岸通

人氣商品是使用北海道產麵粉
等嚴選材料做成的豆腐甜甜
圈。口感Q彈鬆軟，約有12種
口味。

尾道 ▶ MAP 附錄 P.12 B-3
☎0848-22-3002
休週二、三（逢假日則營業）
🕐10:00～17:30
♀尾道市土堂1-15-21
♨JR尾道站步行7分
🅿無

逛街購物就去
尾道本通商店街與海岸通

「尾道本通商店街」充滿懷舊氛圍。位在海邊的「海岸通」則有許多雜貨店及餐飲店。

懷舊風的尾道本通商店街

托特包（圖）
¥13,200

Ｇ 強韌且天然風格的帆布魅力歷久不衰

Ｆ 以尾道的風景為意象的色彩

Ｅ 濃郁的滋味與檸檬糖漿堪稱絕

墨水
各¥2,200～

Ｈ 五彩繽紛的布織品有如藝術品般

尾道布丁
1個¥380

Ｆ 將尾道的山與海畫成可愛的圖案

「Hyaku」化妝包
各¥2,750～

尾道景色信紙組
各¥935

Shopping

尾道的伴手禮

Ｈ おのみちクリエーターズ
マーケット

尾道本通商店街

販售與尾道有淵源的30位創作者的作品。另外也有身為布織品創作者的老闆製作的品項。

尾道 ▶ MAP 附錄 P.12 B-3
☎0848-51-5583
休週二、三
🕐11:00～17:00
📍尾道市土堂1-4-20
🚶JR尾道站步行10分 Ｐ無

こうぼうおのみちはんぷ
Ｇ 工房尾道帆布

尾道本通商店街

販售各種使用向島產帆布製作的包包及小物。店內附設工作室，展示了織布機等器具。

尾道 ▶ MAP 附錄 P.13 C-3
☎0848-24-0807
休無休（有臨時休業）
🕐10:00～17:45
📍尾道市土堂2-1-16
🚶JR尾道站步行15分

つづる
Ｆ 綴る。

巷弄

可以喝飲料的文具店。提供煎茶、日本酒等種類豐富的飲料，可在此一面悠閒地品嘗茶或咖啡，一面寫信。

尾道 ▶ MAP 附錄 P.13 C-3
☎無 休週二、三，不定休（請於社群媒體確認）
🕐13:00～19:30（會變動）
📍尾道市久保1-4-6
🚶JR尾道站步行20分 Ｐ無

Ｅ おやつとやまねこ

JR尾道站周邊

以香醇的砂谷牛乳及在地新鮮雞蛋做成的布丁深受好評。也有販售全麥粉製作的司康等烘焙點心。

尾道 ▶ MAP 附錄 P.12 B-3
☎0848-23-5082
休週一、二（逢假日會變動）
🕐11:00～17:00（售完打烊）
📍尾道市東御所町3-1
🚶JR尾道站即達
Ｐ無

位於海岸通的「KARASAWA」店外有長凳，可以坐在這裡邊眺望海景邊享用冰淇淋最中。

自用或送給重要之人兩相宜

參加 御守製作 體驗打造獨一無二的御守!

要不要在有「寺院之町」稱號的尾道參加御守製作體驗,獲得佛的庇佑呢?
一起來看看這項在平時無法進入的庫裏進行、莊嚴又珍貴的體驗吧!

外型可愛&帶有祝福!
自己親手製作的幸福御守

1

2

體驗 DATA

幸福御守 御守製作體驗 道一	
舉辦日	每月舉辦1~2次
開始時間	13:00~(會變動)
¥ 費用	¥2,500(含庭園、內陣)
⏱ 所需時間	約1小時
預約	當天中午以前預約

遵循正規流程,從製作御札到祈禱都包括在內。舉辦詳情請於官網確認。

3

4

1.可從各式各樣的御守袋中挑選　2.還有心形的繪馬　3.從山門望出去可看到尾道水道　4.全日本第2座寺內所有範圍都被指定為國寶的寺院

淨土寺
じょうどじ

寺內所有範圍都被指定為國寶,在日本是相當罕見的例子,而且大多數伽藍也都是國寶或重要文化財,是著名的「國寶之寺」。足利尊氏曾在這間歷史悠久的寺院祈求勝利,並留下了白鴿傳說。至今寺內也有許多鴿子停留。

尾道　▶ MAP 附錄 P.13 D-3

☎0848-37-2361　無休　⏰9:00~16:00　自由參觀。庭園、內陣門票600円,寶物館門票400円　尾道市東久保町20-28　淨土寺下巴士站即達　P 10輛　http://ermjp.com/j/temple/

将木牌裝入袋中

step 1

聆聽說明

在被指定為重要文化財的庫裏聆聽副住持說明流程，並在拿到的紙上寫下祈求之事。

製作御守的素材

step 5

喝杯抹茶休息

使用觀音像前的火煮水泡茶。自己刷的抹茶喝起來就是不一樣。

step 3

挑選御守袋

裝木牌的御守袋有非常多選擇！還有極具尾道特色的貓咪圖案御守袋♪

FINISH!!

Experience

so cute!!

step 4

為御守祈禱

前往平時無法進入的觀音堂內，將御守供在觀音像前接受祈福。

step 2

將心願烙在木牌上

接著前往排列有許多爐灶的土間，以烙鐵在木牌留下烙印。小心不要燒焦了。

嘶~!

希望帶來好運…

全世界獨一無二的御守完成了！帶在身邊接受佛的保佑吧。

御守製作體驗

走一趟造訪尾道7座古剎的「七佛巡禮」，收集每間寺院的御朱印及念珠，相信能獲得更多庇佑。

Onomichi U2

COLUMN
Onomichi

海運倉庫搖身一變成為複合設施

前進好吃又好買的ONOMICHI U2！
集結了瀨戶內海的食衣住等各種元素的熱門景點

面積約2000㎡的巨大海運倉庫全面進行翻修後，成為了觀光客來到尾道必訪的熱門景點。採挑高設計、空間開闊的館內除了可以帶著自行車來住宿的自行車友善旅館外，還集結了餐廳、雜貨店等7間店鋪。廣島出身的當紅建築師谷尻誠與吉田愛所打造出的時尚空間也是一大亮點。

1.The RESTAURANT 設有開闊的露臺座位可欣賞海景　2.設置於主要入口的裝置藝術　3.隨處都可見到充滿設計感的「時尚牆」

Shop list

烘焙坊兼食品選貨店

ブッチベーカリー
Butti Bakery
☎0848-21-0564
🕐9:30～18:30

想租自行車的話來這裡就對了

ジャイアントストアオノミチ
GIANT STORE Onomichi
☎0848-21-0068
🕐9:00～18:00

豪邁地享用瀨戶內海的海鮮美食！

豪邁番茄海鮮義大利麵 ¥2,310

ザレストラン
The RESTAURANT
☎0848-21-0563　🕐7:30～9:30、11:30～14:30、15:00～16:00、17:30～21:00

還有自行車坐墊型的座位

コグバー
KOG BAR
☎0848-21-0563 (The RESTAURANT)　🕐17:30～21:30

自行車也能享受得來速服務的咖啡廳

ヤードカフェ
Yard Café
☎0848-21-0550 (HOTEL CYCLE)　🕐9:30～18:30

瀨戶內檸檬飲¥650、雞蛋三明治¥324、滿滿蔬菜鮪魚三明治¥350

Stylish!

可以直接將自行車帶進房

ホテルサイクル
HOTEL CYCLE
☎0848-21-0550　🕐IN 15:00／OUT 11:00　¥標準雙床房20,500円～(2人1房的情況)

紙膠帶 ¥506

集結了瀨戶內製在地優質好物

シマショップ
SHIMA SHOP
☎0848-21-0533
🕐10:00～18:00

ONOMICHI U2
オノミチユーツー

尾道　▶MAP 附錄 P.12 A-4
☎0848-21-0550
🈺無休　🈺視店鋪而異
📍尾道市西御所町5-11
🚃JR尾道站步行7分
🅿無

102

點燃每個人的少女心

Kurashiki

白色外牆的倉庫及紅磚建築等
訴說了倉敷美觀地區的悠久歷史。
坐落於懷舊風情街道上的
美術館及充滿特色的町家小店也很引人入勝。

Look for favorite one!

倉敷民藝館
くらしきみんげいかん
>>P.105・113

How beautiful!

Photogenic Spot

林立的白牆倉庫

到訪怎麼拍照都好看倉敷美觀地區

沿著白色外牆的町家及柳樹交織的河岸漫步，營造出的浪漫懷舊氣氛令人沉醉。
探訪沿途可愛的小店及博物館，邊散步邊拍出最適合打卡上傳的美照吧。

くらしきかわぶねながし
倉敷川遊船

坐上小船欣賞今橋與高砂橋
間充滿韻味的風景。

倉敷 MAP 附錄 P.15 C-2

☎086-422-0542(倉敷館觀光服務處)
休第2個週一(12〜2月為週一〜五，逢假日則營業)、雨天時 ⏰9:30〜17:00間每隔30分鐘發船 ￥船票500円

What's 倉敷美觀地區!?
倉敷的主要觀光區域，被選定為重要傳統建造物群保存地區。這一區有許多町家或倉庫裝修而成的商店及餐廳，而且全都位於走路就能到的範圍內，很適合散步。

倉敷的手工藝創作發信地
クラシキクラフトワークビレッジ
Kurashiki Craft Work Village B D K

屋齡170年的町家改裝而成的複合設施，集結了以倉敷帆布及牛仔布等手工藝為主題的5間店舖。還可以透過玻璃窗觀看工作室的樣貌。

@Kurashiki Craft Work Village

可以看到製作過程♪

倉敷 ▶MAP 附錄 P.15 D-2

☎086-697-6515(くらし器 てぬぐい Gocha) 休週四(所有店舖共通) ⏰10:00〜18:00(所有店舖共通) ♀倉敷市本町1-30 🚃JR倉敷站步行15分 🅿無

展示大原家代代相傳的美術品等

@語らい座 大原本邸

JR倉敷駅 本町通り
Kurashiki Craft Work Village
語らい座 大原本邸
今橋 倉敷川
大原美術館
中橋
倉敷川遊船
倉敷民藝館
倉敷中央通り
YAMAU coffee stand
倉敷 常春藤廣場
高砂橋

━━━━◀ **來杯正統的咖啡小歇片刻** ▶━━━━

ヤマウコーヒースタンド
YAMAU coffee stand

擁有超過百年歷史的魚板店搖身一變成為了咖啡攤。淺焙咖啡柔順好入口。

倉敷 ▶ **MAP** 附錄 P.15 C-3

🚫無 ❌不定休
🕘9:00～17:00 📍倉敷市本町5-4
🚉JR倉敷站步行15分
🅿無

熱拿鐵 ¥480

所有景點都集中在半徑300m的範圍內，走路就可以到！

Ⓐ倉敷川遊船來回約20分鐘，於搭船處購票 Ⓔeritto store是創業超過55年的帽子製造商直營店 Ⓒ3棟建築物間有中庭 ⒹCRAFT WORK inc.販售原創的倉敷帆布雜貨 Ⓕ館內可以看到介紹大原家每代當家教誨的「降下的箴言」 Ⓖ收集了日本國內外的民藝品 Ⓗ在被大原家藏書環繞的空間中喝杯咖啡歇息片刻 Ⓘ河畔的柳樹是倉敷代表性的景觀 Ⓘ長滿了常春藤的紅磚是最佳拍照背景 Ⓙ「籠籃展示間」可以看到各式各樣的籠子、籃子 Ⓚくらし 器 てぬぐい Gocha販售以倉敷為意象等200種以上的手巾 Ⓛ可欣賞庭園景色的「思索之間」 Ⓜ紅磚與鋸齒形屋頂等有如英國工廠般的元素充滿異國風情

紅磚建築與常春藤充滿西洋風情

くらしきアイビースクエア
倉敷常春藤廣場 Ⓘ Ⓜ

倉敷紡績（現在的KURABO）的工廠保存下來後被賦予新生命，成為複合文化設施。在令人印象深刻的紅磚建築與常春藤構成的腹地內，聚集了旅館、資料館、體驗工作室等設施。

倉敷 ▶ **MAP** 附錄 P.15 D-3

☎086-422-0011 ❌視設施而異
🏠免費入園（部分設施需付費）
📍倉敷市本町7-2
🚉JR倉敷站步行15分
🅿120輛

向世人公開一部分的舊大原家住宅

かたらいざおおはらほんてい
語らい座 大原本邸 Ⓔ Ⓖ Ⓛ

令人驚奇的展示內容、爬滿青苔的日本庭園等，讓人感受到大原家8代走過的歲月及倉敷真實的面貌。建築物被指定為重要文化財。

倉敷 ▶ **MAP** 附錄 P.15 C-2

☎086-434-6277 ❌週一 🕘9:00～16:30 📍倉敷市中央1-2-1
🚉JR倉敷站步行15分
🌐https://oharahontei.jp/

與各種手工藝品傑作相會的博物館

くらしきみんげいかん
倉敷民藝館 Ⓒ Ⓕ Ⓙ

由江戶時代後期的米倉打造而成的博物館，館內展示了日本國內外的陶瓷器及籠子、籃子等民藝品。附設的商店則有販售倉敷及來自周邊縣市的精巧手工藝品。

倉敷 ▶ **MAP** 附錄 P.15 C-2

☎086-422-1637 ❌週一 （逢假日則開館，另可能因佈展休館）
🕘9:00～16:30 💴門票1,000円 📍倉敷市中央1-4-11 🚉JR倉敷站步行15分
🅿無

夏天時長滿整面牆的常春藤也是倉敷常春藤廣場的一大亮點。

Must Visit

與只有在書上看過的名作面對面
親眼見證大原美術館奇蹟般的館藏！

與藝術有關的景點也是倉敷美觀地區的代表性特色。
出發前先確認想欣賞的作品與必看之處，實際觀賞時更能感受到名畫的魅力！

3

2

I'm impressed...

1

聖母領報 艾爾·葛雷柯
1590年前後～1603年繪

大原美術館代表性的館藏作品，這幅
畫作收藏於日本一事被喻為奇蹟。畫
中描繪了天使告知聖母瑪利亞其腹
中胎兒為耶穌的瞬間。

仔細鑑賞享譽全世界的館藏

大原美術館
おおはらびじゅつかん

擁有超過90年歷史、日本首座以
西洋美術為主的私人美術館。創辦
人大原孫三郎將作品收集工作全權
交由西洋畫家兒島虎次郎負責。分
為展示莫內、畢卡索等西洋繪畫名
作的「本館」；展示日本近現代西
洋畫、現代美術的「分館」（休館
中）；以及由芹澤銈介負責內外裝
設計的「工藝·東洋館」，收藏了
豐富多元的作品。

倉敷 ▶ **MAP** 附錄 P.15 C-2

☎086-422-0005 ■週一（逢假日則
開館）■9:00～16:30（12～2月為～
14:30），博物館商店為10:00～17:15
（12～2月為～16:00）
¥門票2,000円 ♀倉敷市中央1-1-15
JR倉敷站步行15分 無

4

5

6

1.本館2樓設有為這幅作品打造的展
示區　2.本館2樓後方的古典風格圓
窗　3.工藝館與東洋館之間使用了倉
敷玻璃的花窗玻璃也是必看重點
4.走進本館看到的第一幅作品是兒島
虎次郎的《穿和服的比利時少女》
5.東洋館渾厚穩重的樓梯扶手　6.工
藝·東洋館之間的中庭　7.工藝館的
地板鋪有木磚，走在上面會發出聲響
8.本館入口處佇立著羅丹的雕刻作品

8

7

工藝・東洋館

工藝館展示了活躍於民藝運動的6位藝術家的作品，東洋館則展示東洋的古美術作品。

一光三尊像
作者不明
6世紀前期作
（北魏時代）
中央為如來、左右為菩薩的石佛，中國北魏時代的作品。重要文化財

心偈板畫柵
[詩:柳宗悅]之
《梅滿香 雪亦降》
棟方志功
1958年繪
棟方志功是有「世界的棟方」之稱的版畫家，透過版畫表現了其尊為師的柳宗悅之詩作

風之字
門簾
芹澤銈介
1977年作
活躍於染色、書本裝幀等各種領域的芹澤銈介的作品。簡約且令人印象深刻

分館

除了近現代日本西洋畫外，還展示了最新的現代藝術品。

信仰的悲哀 關根正二
1918年繪
關根正二19歲時所畫的代表作，被指定為重要文化財

外房風景 安井曾太郎 1931年繪
安井曾太郎風景畫的代表作，描繪了在房總半島的旅館看到的景色

享樂 青木繁 1903～04年前後繪
早逝的天才西畫家青木繁顛峰時期的作品，畫中描繪的是手持樂器的天平時代女性

本館

以印象派作品為主，也有展示歐美的現代美術。

睡蓮 克勞德・莫內 1906年前後繪
莫內最著名的《睡蓮》系列。這是虎次郎直接到莫內家拜訪後帶回日本的名畫

歡愉之地
保羅・高更
1892年繪
將大溪地的年輕女性比擬為夏娃所畫的作品，象徵了對原始的嚮往

頭髮
阿曼・尚
1912年前後繪
虎次郎收集的第1件作品。優美的色彩等影響了當時的日本畫家

PICK UP!! 鑑賞後去逛逛博物館商店&咖啡廳

1

おおはらびじゅつかんミュージアムショップ
🏛 **大原美術館博物館商店**
販售各種以館藏為設計元素的原創商品。不購買美術館門票也可前來消費。

酒瓶塞
各¥1,980

倉敷
MAP 附錄 P.15 C-2

竹托盤 **¥2,200**
竹杯墊 **¥770**

エル・グレコ
EL GRECO
因創辦人之子大原總一郎提議「讓美術館遊客能喝到美味的咖啡」而開設的咖啡店，復古氣息別具魅力。

倉敷 ▶ MAP 附錄 P.15 C-2
📞 086-422-0297 ⏰週一（逢假日則營業） 🕙10:00～17:00 📍倉敷市中央1-1-11 🚃JR倉敷站步行15分 🅿無

2

1.初夏時節長滿了爬牆虎 2.咖啡¥720與生起司蛋糕 ¥660

Discovery

大原美術館

可租借語音導覽設備詳細了解本館的主要作品，1台600円。

在倉敷吃午餐
就選空間也很棒的
町家餐廳吧！

Lunch&Cafe

想在倉敷美觀地區品嘗美味的話，
就來頓氣氛及味道都一級棒的午餐

走進完美融入古色古香街景的空間，享用味道讓人讚不絕口的午餐！
為大家介紹能在可看到房梁的摩登店內空間等洗鍊氛圍中用餐的店家。

MACHIYA style♪

2樓也有包廂

倉庫的白牆
十分有味道

在庭園景色陪伴下
品嘗和洋折衷的創意蕎麥麵

トラットリア自家製蕎麦 武野屋
トラットリアじかせいそばたけのや

位在擁有日本庭園、屋齡150年的宅邸一隅。使用蒜山產蕎麥粉，每天早上根據當天天氣調整比例製作出麵條。麵條粗細依餐點而有所不同，加了滿滿起司的番茄醬蕎麥麵等融入義式料理元素的創意蕎麥麵是招牌美食。

倉敷　▶ MAP 附錄 P.14 A-2
☎086-441-2983　休週三
🕐11:00～14:00、17:00～22:00　♀倉敷市阿知3-18-18
🚉JR倉敷站步行10分　🅿12輛

menu
莫札瑞拉起司與
茄子番茄醬蕎麥麵（溫）
¥1,628
起司完美地裹在帶嚼勁的扁麵上。
附蕎麥茶布丁與蕎麥小饅頭

&MORE
隱身巷弄間的復古風食堂

常衛門食堂
つねゑもんしょくどう

位在小公園與民宅間的窄巷深處。中午提供定食，晚上則能享用家常菜配酒。馬鈴薯沙拉及玉子燒等料理口味溫和，呈現了食材的好滋味，因此擁有許多忠實顧客。

倉敷
MAP 附錄 P.15 C-1
☎086-454-7616　休週一、週二
晚間　🕐11:00～售完打烊，18:00～21:00　♀倉敷市阿知2-22-2
🚉JR倉敷站步行10分　🅿無

1.無菜單定食 ¥1,100。包括主菜、小菜、白飯、味噌湯　2.可在築山庭園散步

透過多樣的烹調法牽引出在地食材的魅力

去町家咖啡廳坐坐！

倉敷珈琲館
くらしきこーひーかん

可在此品嘗以法蘭絨濾布手沖萃取的自家烘豆咖啡。提供的品項僅有咖啡，展現了正統咖啡專賣店的堅持。

倉敷 ▶ MAP 附錄 P.15 C-2
☎086-424-5516
休無休
🕙10:00～17:00
📍倉敷市本町4-1
🚃JR倉敷站步行15分　P無

1.創業已超過50年，一路走來始終為自家烘豆　2.維也納咖啡￥800

有鄰庵
ゆうりんあん

屋齡超過百年的古民家咖啡廳，也是每天大排長龍的人氣名店。據說點了之後會得到幸福的布丁是熱門商品。還能吃到使用在地食材製作的午餐。

倉敷 ▶ MAP 附錄 P.15 C-2
☎050-3196-9621　休不定休
🕙11:00～17:00
📍倉敷市本町2-15
🚃JR倉敷站步行15分
P無

1.屋齡超過百年的古民家裝而成　2.幸福布丁￥400　須搭配1杯飲料

---

menu
午餐 ¥4,000～（平日）

包括開胃菜、可挑選的主菜、甜點等。圖為融入了日本內素的開胃菜拼盤範例

くらしき 窯と南イタリア料理 はしまや
くらしきかまとみなみイタリアりょうりはしまや

使用主廚親自於農家及市場嚴選的食材，透過柴火爐灶等多元的烹調方式製作出義式料理。中午、晚上僅提供全餐。屋齡超過100年的和服店打造成的時尚空間與美食，讓人度過一段高雅的時光。

倉敷 ▶ MAP 附錄 P.15 D-2
☎086-697-5767　休週二、週三白天、不定休
🕙11:30～12:30、18:00～19:00（午、晚皆為2輪制，最晚須於前兩天預約）📍倉敷市東町2-4　🚃JR倉敷站步行20分　P無

1.店內空間挑高開闊　2.改裝時活用了以前和服店的梁柱

menu
午間全餐 ¥2,750

主要使用瀨戶內海的海鮮等，以宴席概念呈現

Tasty!

以民藝思想及美為主軸打造可口佳餚

日本料理店 雲
にほんりょうりてんくも

使用瀨戶內當令食材，並藉由昆布高湯提升食材的滋味，再盛裝於民藝風格的器皿送上桌。在融合了日本與西洋元素的空間，一面欣賞庭園景色、一面悠閒地享用美食吧。

倉敷 ▶ MAP 附錄 P.15 C-2
☎086-489-6851　休週一，每月1次不定休　🕙12:00～14:30、18:00～21:00　📍倉敷市中央1-4-13 倉敷SOLA內　🚃JR倉敷站步行15分
P無

位在複合設施「倉敷SOLA」內

Gourmet

一級棒的午餐

倉敷美觀地區還有許多町家改裝成的咖啡廳，很適合在下午茶時間去一趟。

\\ *Let's go to buy gifts!* //

Souvenir

在地質感好物與美食應有盡有

買伴手禮就去林源十郎商店♪

來到以手工藝聞名的城市倉敷，當然要買創作者作品和手作逸品！
廣受矚目的複合設施中琳瑯滿目的伴手禮，會令人忍不住想要買給自己。

在衣食住等各類商品的設計市集
挑選具有倉敷在地特色的好物

原創的紙膠帶
超吸睛！

atiburanti販售紙、布、陶瓷等
各式雜貨

★★ *Close up!* ★★
還可以在此享用午餐！

ピッツェリアコノフォレスタ
Pizzeria CONO FORESTA （母屋）
☎086-423-6021
休週一（逢假日則翌日休）、第2個週二
🕐8:45～21:00

使用燒柴的石窯烤出正統的拿坡里披薩。
午餐￥1,580～，可選擇披薩或義大利
麵，附沙拉、飲料

林源十郎商店
はやしげんじゅうろうしょうてん

興建超過80年的藥品公司建築搖身一變成
為了衣食住等商品的設計市集。3層樓木造
的本館，以及倉庫、偏屋、主屋等4棟建築
中，進駐了以「豐富日常生活」為主題的生
活雜貨店、餐廳等10間店鋪。千萬別忘了
上到3樓的展望露臺眺望倉敷美觀地區的風
景。

■倉敷■ ▶ MAP 附錄 P.15 C-1

視店鋪而異
倉敷市阿知2-23-10
JR倉敷站步行10分
P無

各種人氣原創品牌的商品
在這兒都找得到

還會舉辦
特展及
工作坊！

方窗　圓窗

三角窗

改變卡片的方
向，從窗口看
到的圖案也會
不一樣

信封＋
三折卡片
各3入組 **各¥616**

印判手小碟
1個¥1,100～

拇指公主
¥2,420

青鳥
¥1,870

小紅帽
¥2,420

型染團隊「kata kata」
製作的小碟子

陶藝家にしおゆき製作的
陶偶

本館
1F **atiburanti**
アチブランチ

以總公司位在倉敷、創業約30
年的生活雜貨製造商「倉敷意
匠計畫室」為主的選物店。販售
與年輕手作創作者或職人聯名
的商品等約2000種品項。

☎086-441-7710
休週一（逢假日則翌日休）
🕙10:00～18:00

能看到充分活用素材的各種商品

在工作坊手工製作的
飾品讓人一眼就愛上♡

14KGF 耳勾式耳環
淡水珍珠 **¥10,800**

14KGF 長項鍊
淡水珍珠 **¥12,960**

淡水珍珠柔和
的光芒展現成
熟風采

14KGF 耳環
克倫銀 **¥7,560**

與膚色很搭，晃動時樣貌
也隨之變化

母星 **rosha deux**
ロシャドゥ

由夫妻一同經營的珠寶首飾專賣
店。商品皆以手工精心製作，呈現
出細膩且凸顯素材本身之美的風
格。

☎086-442-8156
休週一（逢假日則翌日休）
🕙12:00～16:00

在位於總店的工作室進行製
作

誕生於瀨戶內的
優質好物大集合

本館
2F **shop三宅商店**
ショップみやけしょうてん

販售紙膠帶等於倉敷深耕的造物工藝
商品，以及反映出在地生活風貌的雜
貨。還會定期舉辦工作坊及岡山、倉敷
創作者的特展。

☎086-423-6080
休週一（逢假日則翌日休）
🕙10:00～18:00

原創紙膠帶種類豐富

迷你錢包 **各¥2,200**

使用倉敷的
帆布或牛仔
布製作

倉敷散步明信片
各¥198

插畫家小野寺
光子所繪製的
倉敷明信片

HARAPEKO
Fruit Jam **各¥756**

三宅商店（◉P.31）
自家製的果醬

林源十郎商店

Shopping

位於本館2樓的林源十郎商店紀念室介紹了林源十郎商店的歷史。

Cute Items

想入手MADE IN倉敷的話

質感出眾的**紙膠帶**&**手作雜貨**絕對必買!

來到手工藝的城鎮倉敷,處處都可見到令人心動的逸品。
其中誕生於倉敷的紙膠帶及承襲傳統的倉敷民藝更是值得多加留意!

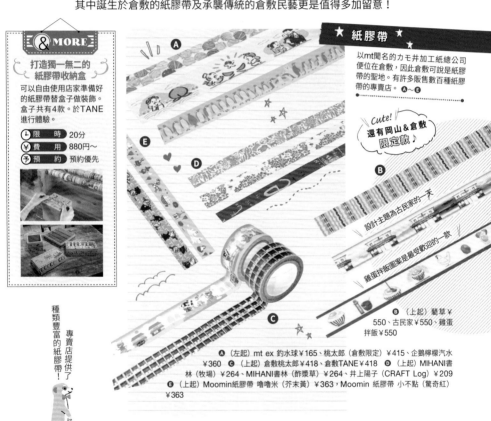

&MORE

打造獨一無二的紙膠帶收納盒

可以自由使用店家準備好的紙膠帶替盒子做裝飾。盒子共有4款。於TANE進行體驗。

- ⏱ 限　時　20分
- ¥ 費　用　880円～
- 予 預　約　預約優先

★ 紙膠帶 ★

以mt聞名的卡莫井加工紙總公司便位在倉敷,因此倉敷可說是紙膠帶的聖地。有許多販售數百種紙膠帶的專賣店。Ⓐ～Ⓔ

Cute!
還有岡山&倉敷限定款♪

設計主題為古民家的一天

雞蛋拌飯圖案是最受歡迎的一款

Ⓑ (上起)藺草¥550、古民家¥550、雞蛋拌飯¥550

Ⓐ (左起)mt ex 釣水球¥165、桃太郎(倉敷限定)¥415、企鵝檸檬汽水¥360 Ⓒ (上起)倉敷桃太郎¥418、倉敷TANE¥418 Ⓓ (上起)MIHANI書林(牧場)¥264、MIHANI書林(酢漿草)¥264、井上陽子(CRAFT Log)¥209 Ⓔ (上起)Moomin紙膠帶 嚕嚕米(芥末黃)¥363,Moomin 紙膠帶 小不點(驚奇紅)¥363

種類豐富的紙膠帶!

專賣店提供了

アチブランチ
Ⓓ **atiburanti** ≫P.111

ショップみやけしょうてん
Ⓔ **shop三宅商店** ≫P.111

タネ
Ⓒ **TANE**

倉敷 ▶
MAP 附錄 P.15 C-3
☎086-486-3618　休週二
🕙10:00～17:00　♀倉敷市本町5-12　🚃JR倉敷站步行20分　Ｐ無

びかんどう
Ⓑ **美観堂**

倉敷 ▶
MAP 附錄 P.15 C-2　休不定休
☎086-486-2224　🕙11:00～17:00　♀倉敷市本町2-15　🚃JR倉敷站步行15分　Ｐ無

にょちくどう
Ⓐ **如竹堂**

倉敷 ▶
MAP 附錄 P.15 D-2
☎086-422-2666　休無休
🕙10:00～17:30　♀倉敷市本町14-5　🚃JR倉敷站步行20分　Ｐ無

引發討論的保暖襪！首間直營店
くらしきぬ

包覆腳跟輕盈保暖襪 ¥2,475

販售使用絲、羊毛等天然材質做成的保暖襪。也很適合買來祝賀生產或送禮。

倉敷 ▶ MAP 附錄 P.15 C-3
☎086-441-8896　休不定休
🕐12:00～17:00　♀倉敷市本町5-22　🚶JR倉敷站步行20分　🅿無

販售自家品牌服飾
レイストア
Ray store

SPLIT APRON(BLACK)
¥9,900

販售從設計到縫製、銷售等全都由自家公司包辦的圍裙、帽子等。簡約的造型別具魅力。

倉敷 ▶ MAP 附錄 P.15 C-2
☎086-424-0038　休週一　🕐12:00～17:00(週六日為11:00～)　♀倉敷市本町3-8　🚶JR倉敷站步行15分　🅿無

★ 倉敷手鞠 ★

源自熊本的肥後手鞠。倉敷民藝館的首任館長在任內培育了手鞠製作職人，目前約有10人投入製作。 H

1.倉敷手鞠（大）¥2,500。球芯放入了稻殼，再纏上棉線　2.倉敷手鞠針插各¥2,400。圖為羊毛針插搭配吹製玻璃的組合

♥ 倉敷帆布 ♥

倉敷的帆布生產量占日本全國約7成！而倉敷帆布更是高品質的「一級布」。 F

1.扁化妝包¥1,980。條紋系列的化妝包　2.環保托特包¥5,500。放得下A4尺寸，底部寬闊的大容量托特包

★ 繩結編織 ★

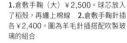

在棉線上以羊毛束打結編織的技法。由倉敷本染手織研究所的學員及畢業生製作。 H

厚實緩衝性佳

椅墊 約38×38cm，各¥33,000。將160條羊毛線集為一束以手工進行編織。有各式各樣的花色

♥ 倉敷玻璃 ♥

居住在倉敷的小谷真三構思出來的人工吹製玻璃。目前由其子榮次負責製作。 G

1.水杯・中 1個¥3,520。水瓶・藍 ¥22,000。雖是玻璃，卻讓人感覺到溫度　2.(左起)小碗¥2,750、酒杯 ¥3,300、酒瓶¥4,950。「小谷藍」鮮豔的藍色讓人印象深刻

G サイドテラス

面對日本鄉土玩具館的中庭，有大片落地窗。販售器皿等各種手工藝逸品。

倉敷 ▶ MAP 附錄 P.15 C-3
☎086-422-8058(日本鄉土玩具館)　休無休
🕐10:00～17:00　♀倉敷市中央1-4-16　🚶JR倉敷站步行15分　🅿無

くらしきみんげいかん
H 倉敷民藝館
≫≫P.105

くらしきはんぷびかんちくてん
F 倉敷帆布 美觀地區店

從大正時代傳承至今的織布機店的直營店。以倉敷帆布製作的各式商品樸實且耐看。

倉敷 ▶ MAP 附錄 P.15 D-2
☎086-435-3553　休週一　🕐10:00～17:00　♀倉敷市本町11-33　🚶JR倉敷站步行15分　🅿無

倉敷還有以特產「藺草」製作的「花蓆」等各種令人讚嘆的民藝品！

Shopping

紙膠帶＆手作雜貨

Only one jeans!

Original Item

從倉敷美觀地區前進兒島

挑戰製作一條原創的牛仔褲

兒島是日本國產牛仔褲的發源地，現在也是有許多製造商設廠的重要產地。
總公司位在兒島的知名品牌貝蒂史密斯的複合設施還提供了牛仔褲製作體驗！

按照自己的喜好客製化

聖地・兒島牛仔褲

還附設商店！

outlet

shop

世界矚目！
認識
兒島的牛仔褲

約50年前，兒島誕生了日本第一條國產牛仔褲。從染色織布到縫製、水洗加工等都在當地一條龍進行，建立了廣受矚目的兒島品牌。

1.參加體驗可依自己喜好製作牛仔褲
2.還附設縫製工廠 3.在博物館2號館可認識到牛仔褲隨時代演變出的各種造型 4.2號館的前身為染布工廠
5.1號館展示了1960年代從美國進口的珍貴縫紉機

6.由40年前的倉庫改裝而成的outlet商店 7.集結了貝蒂史密斯新商品及經典商品的展示商店 8.博物館1號館隔壁即為體驗工房

貝蒂史密斯牛仔褲博物館
ベティスミスジーンズミュージアム

牛仔褲品牌「貝蒂史密斯（Betty Smith）」為了傳達牛仔褲的魅力所打造的複合設施。由可以輕鬆體驗牛仔褲製作的工房與介紹日本及世界各國牛仔褲製程、歷史的資料館構成。

兒島 ▶ MAP 附錄 P.14 B-4

☎086-473-4460(Betty Smith) 無休 9:00～
18:00(體驗報名為～17:00) 免費入館 倉敷市兒島下の町5-2-70 兒島IC車程4km 20輛

&MORE

前往其他與牛仔褲有關的景點

兒島牛仔褲大道
こじまジーンズストリート
Shop

約400m的街道上牛仔褲店林立，另外也有販售牛仔布雜貨的商店及咖啡廳。

兒島 ▶
MAP 附錄 P.14 B-4

🕐 視店鋪而異
📍 倉敷市兒島味野 🚌 大正橋巴士站步行5分
🅿 10輛 🌐 http://jeans-street.com/contact/index.html

牛仔褲及牛仔布的裝飾很有特色

RIVETS
リベッツ
Café

販售了販售讓人聯想到牛仔褲的藍色霜淇淋的咖啡廳，以及販售牛仔布雜貨的選貨店。

兒島 ▶
MAP 附錄 P.14 B-4

📞 086-441-9100
🕐 週二、三
⏰ 11:00~15:00
📍 倉敷市兒島味野2-5-3
🚌 人正橋巴士站步行5分
🅿 使用兒島牛仔褲大道專用停車場

1.佛卡夏三明治（右）¥500、咖啡（左）¥400
2.店內以象徵牛仔褲的藍色為基調

LET'S TRY!

挑選牛仔褲　step 1

可從彈性布等4種布料與XS～XXL等尺寸中選出自己喜歡的。

從豐富的皮標中選擇♪

還有Betty Smith的獨家圖案！

step 2　挑選鉚釘&皮標

從各式各樣的鈕扣、鉚釘，以及縫在背後腰帶環旁的皮標中做選擇。

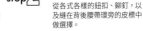

step 3　釘上鈕扣&鉚釘

以專用的機器釘上鈕扣與鉚釘。由於縫上皮標需要專業的技術，因此由職人代勞。

體驗 DATA
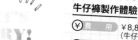

牛仔褲製作體驗

¥	費　用	¥8,800～（牛仔褲費用＋加工體驗費）
🕐	所需時間	約1小時
予	預　約	需預約

費用隨牛仔褲種類而異。也有童裝款式，小朋友或大人都可參加

FINISH!!

♥ ♥

My original jeans!

修改好長度後就完成了♪也可以當場直接穿上自己做好的牛仔褲！

做一條手機吊飾也不錯！

使用裁剩的牛仔布，再釘上鈕扣或鉚釘，就可以輕鬆做出手機吊飾！很受歡迎。體驗¥550～

以製程中產生的多餘布料製作的牛仔布雜貨「Eco Betty」也是伴手禮的好選擇。

與兔子島探險

瀬戶內海竟然存在動物比居民還多的島嶼！
朝著彷彿會在繪本中出現的奇幻世界出發、
渡過瀬戶內海前往動物之島吧。

瀬戶內海可不是只有風景和美食！其實還有可以看到可愛動物的小島。

對瀬戶內海島嶼瞭若指掌的攝影師
Masanobu Mori

讓我幫你導覽！

風景也很漂亮！

尾道站搭電車＋船 約1小時15分

大久野島
おおくのしま

大久野島是世界知名的「兔子島」，據說約有400隻兔子棲息在島上。棧橋及路邊等隨處都可看到兔子的身影，但最多兔子聚集的地方是「休暇村 大久野島」。與毛茸茸的兔子互動、拍照都讓人能夠享受療癒的時光。

GO TO 大久野島 ¥810

大久野島棧橋 ← 大久野島客船15分 休暇村客船15分 or 大三島渡輪7分 ← 忠海港 步行7分 ← 忠海站 JR山陽本線＋JR吳線50分 ← 尾道站

宛如不可思議的國度！
與兔子互動的療癒時光

1.大久野島是位於竹原市忠海町海域約3km，周長4.3km的小島，上頭有兔子棲息
2.兔子看到人就會靠過來　3.兔子的品種為穴兔，毛色五花八門　4.請不要追趕或抱起兔子，靜靜觀察就好　5.可以在海邊的兔子耳朵裝置藝術拍照留念

還有這些景點

講述過往製造毒氣的慘況
おおくのしまどくガスしりょうかん
大久野島毒氣資料館

大久野島在太平洋戰爭時曾經是製造毒氣的據點，如今毒氣已經銷毀，並進行了除污措施，不過島上各處仍可以看到相關遺跡。

大久野島 ▶ MAP 附錄 P.8 A-3
☎0846-26-3036　休無休　🕙9:00～16:00
¥票價150円 ♀廣島縣竹原市忠海町5491
👣大久野島棧橋步行10分 🅿無

學習瀬戶內海自然環境相關知識的設施
おおくのしまビジターセンター
大久野島遊客中心

可在此認識以大久野島為主的瀬戶內海自然環境相關知識，另外還提供竹和紙製作（事前預約制）等體驗課程。

大久野島 ▶ MAP 附錄 P.8 A-3
☎0846-26-0100　休週三（1、2月為週三、四）　🕙9:00～16:00　免費入館
♀廣島縣竹原市忠海町大久野島 👣大久野島棧橋步行10分 🅿無

可租借自行車的觀光據點
きゅうかむらおおくのしま
休暇村 大久野島

島上唯一的住宿設施。溫泉浴場及餐廳開放未住宿旅客消費，也可以在此租借自行車或釣具。

大久野島 ▶ MAP 附錄 P.8 A-3
☎0846-26-0321　休無休　不住宿入浴為11:30～14:30、咖啡廳為10:00～16:00（不住宿消費）　¥租借自行車（電動輔助自行車，2小時）800円，不住宿入浴550円 ♀廣島縣竹原市忠海町大久野島 👣大久野島棧橋步行15分（有接送巴士）🅿使用忠海港之停車場

瀬戸內海私房景點　登上貓島

CHECK!
在防波堤上跳躍移動的貓是佐柳島的特有情景

JUMP!!

來到島上請遵守垃圾自行攜回、不要進入私有地、不要妨礙通行等禮節

島上的貓比島民還多
簡直是貓咪天堂!

1.春天和秋天比較容易遇到小貓　2.防波堤間的空隙有機會看到貓咪跳躍的身影　3.大家一起曬太陽!這是佐柳島常見的日常情景　4.貓咪看到鏡頭也不害怕,十分親近人

還有這些景點

佐柳島
さなぎしま
　　　　高松站　搭電車＋船　約2小時

佐柳島是位於瀬戸內海的小島,周長僅約6km。島上的貓數量比居民還多,是不折不扣的「貓島」,踏上棧橋就會有親人的貓咪前來迎接。貓棲息於防波堤、神社旁等島上各種地方。曬太陽、與同伴玩耍等自由自在的模樣可愛極了!

來復古又可愛的
咖啡廳坐坐
ネコノシマホステル

由屋齡60年的小學校舍改裝而成

由眼前便是瀬戸內海的木造舊校舍翻修成的青年旅館。位在旅館內的咖啡廳是辦公室改裝而成,提供咖哩、甜點等自製餐點。

佐柳島　▶MAP 附錄 P.2 B-3
☎0877-35-3505
㊡週一、二
🕘9:00～17:00
📍香川県多度津町佐柳1353
🚶佐柳本浦港步行15分
🅿無

1.多度津產無花果冰淇淋￥350　2.咖啡廳內可看到保留了小學氛圍的黑板＆椅子

5.ネコノシマホステル周邊也有可愛的貓♪　6.拍照的訣竅是不要用閃光燈,從和貓視線同高的高度拍攝　7.島上的貓咪是有居民照顧的在地貓

GO TO 佐柳島　￥1,360

高松站		多度津站		多度津港		佐柳本浦港
←JR予讃線 快速 30分		←步行 20分		←多度津汽船 50分		

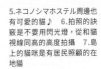

探頭!

COLOR PLUS **B** SIDE TOPICS

芒果大福 ¥240

八朔橘大福 ¥220

草莓大福(白豆沙) ¥220

鳳梨大福 ¥220

草莓大福(南瓜餡) ¥220

藍莓大福 ¥220

草莓大福(巧克力) ¥220

奇異果大福 ¥220

蘋果大福 ¥220

酸味×甜味的絕配！

會隨季節推出各種不同口味。還有桃太郎葡萄等岡山縣產水果的大福

吃起來超多汁♡

車票風的標籤也很可愛♪

甘月堂
かんげつどう

以白豆沙、卡士達、抹茶奶油等各種內餡包住當令水果的大福是招牌商品。口味包括草莓、葡萄等，種類豐富，無愧岡山水果王國的美名！甜而不膩的內餡與清爽的水果堪稱絕配，吃起來十分爽口。

兒島 ▶ MAP 附錄 P.14 B-4

☎ 086-472-4417
休 週一、第1、3個週二
🕐 9:00～18:00前後（售完打烊）
📍 岡山縣倉敷市兒島下の町1-7-34
🚉 JR兒島站步行20分
🅿 5輛

販售約20種大福

讓我幫你導覽！

這些深受在地人喜愛的點心絕對值得你親自來嘗嘗！

住在岡山，愛吃甜點的模特兒

Haruka Sunami

廣受喜愛的點心 in 兒島・倉敷

在地人讚不絕口♥

倉敷有許多長年來深受在地人喜愛的點心。不僅價格平易近人、美味物超所值，造型也無比可愛，教人不愛也難！

可在店內享用早餐或
輕食

café BISCUIT
カフェビスキュイ

創業超過70年的餅乾製造商梶谷食品的直
營店。口味始終如一的長條餅乾鹹度恰到好
處，讓人一吃就停不下來！在店內沾特製奶油
或岡山產果醬等沾醬享用也很棒。

倉敷 ▶**MAP** 附錄 P.15 C-3
☎086-427-5515
🏠無休　⏰8:00～18:00
📍岡山県倉敷市本町5-27
クラシキ庭苑內
🚶JR倉敷站步行15分
🅿無

餅乾
與沾醬
¥390

梶谷食品的
瓶裝長條餅乾（150g）¥800

遵循傳統工法製
作的棒狀餅乾。
酥脆口感與誘人
香氣是最大的魅
力

吃起來酥脆芳香

令人懷念的古早味餅乾

可麗餅般的外皮內包

傳統口味紅豆餡

むらすゞめ 1個 ¥150

有如可麗餅的外皮
包甜而不膩的北海道
紅豆泥

還能進行
體驗♪

橘香堂 美觀地區店
きっこうどうびかんちくてん

位於倉敷美觀地區的和菓子店。發源於此的
和菓子「むらすゞめ」繼承了明治時代傳承下
來的傳統滋味。職人以手工精心製作的逸品
是伴手禮的好選擇。另外還提供「カラフルむ
らすゞめ」客製體驗（體驗費用￥900）。

倉敷 ▶**MAP** 附錄 P.15 C-2
☎086-424-5725　🏠無休
⏰9:00～18:00（咖啡廳為～
17:30），體驗為10:00～16:00
📍岡山県倉敷市阿知2-22-13
🚶JR倉敷站步行10分
🅿無

在附設的咖啡廳可以喝到附
自家製紅豆泥的咖啡

えびす饅頭
えびすまんじゅう

除了夏季以外皆直接對顧客販售、填入紅豆
餡的今川燒「えびす饅頭」。可以拿著邊走邊
吃，是深受歡迎的庶民派點心，暢銷到幾乎來
不及烤。1個僅賣￥100的實惠價格也是一大
賣點。熱騰騰的，特別適合天冷時享用。

倉敷 ▶**MAP** 附錄 P.15 C-1
☎090-2800-6827　🏠期間內週一
（逢假日則翌日休）　⏰9月下旬～5
月上旬，10:00～16:30（售完打烊）
📍岡山県倉敷市阿知2-16-37
🚶JR倉敷站步行10分　🅿無

現烤的美味香氣令人口水直流

えびす饅頭 1個 ¥100

添加許多雞蛋製作而成
的餅皮烤得金黃誘人，
吃起來柔軟可口

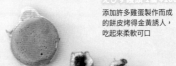

讓人吃了就笑逐顏開的

庶民派點心

外圍的脆皮
滋味也很棒

嘗鮮
好夥伴
定價 250元

美食 沒有藩籬
最道地的美味都在這裡！

日本旅遊必備！

手帳系列口袋書

▶ 壽司

壽司手指

給美食家的壽司寶典

坂本一男 監修

吃壽司必攜
走進壽司店之前
魚鮮達人體悟
預習日本時令魚材
常見的94種壽司

人人出版

▶ 日本酒

日本酒手帳
Nihonshu Encyclopedia For Gourmet

「唎酒師」認定
SSI 監修

簡單選
暢快酣飲
日本米釀の
薫・熟・爽・醇

人人出版

手燒肉帳

給美食家的燒肉寶典

東京書籍
出版編集部 編

燒肉店
串燒店
菜單全攻略
從此不煩惱
134

吃燒肉必攜
您不可不知的肉知識手冊

人人出版

▶ 燒肉

▶ 雞尾酒

雞尾酒手帳
Cocktail Encyclopedia For Gourmet

上田和男 監修

上癮
繽紛&夢幻的
雞尾酒世界

人人出版

これをください
お願いします

手指圖片輕鬆點餐
美食立刻上桌♪

開車自駕

最輕鬆最好玩！

幫你輕鬆規劃行程，單看時有效率！

1
收錄20條以上自駕路線，選擇豐富，資訊超充實！

2
事先掌握國道、行駛距離、時間、休息站等資訊。

3
絕不錯過路上推薦的觀光名勝、風景區、伴手禮店。

4
體驗不同的旅行方式，能盡情深入當地美景。

定價 $**400**

定價 $**360**

定價 $**380**

定價 $**380**

哈日情報誌・帶您醉心日本　瞭解更多 ▶ https://www.jjp.com.tw/　　人人出版

HOW TO GO TO SETOUCHI etc.

ACCESS GUIDE 交通指南

ARRIVAL

[抵達廣島、岡山、松山、高松等地後該如何移動？]

要預先掌握
的要點！
Key Point

◆以藝術聞名的各座小島都是沒有橋連接、只能搭船前往的離島。
◆以9座橋梁串連起6座島嶼的島波海道建議租車自駕或租自行車遊玩。
◆倉敷—尾道、尾道—島波海道的交通相當便捷，可考慮一起排進行程。

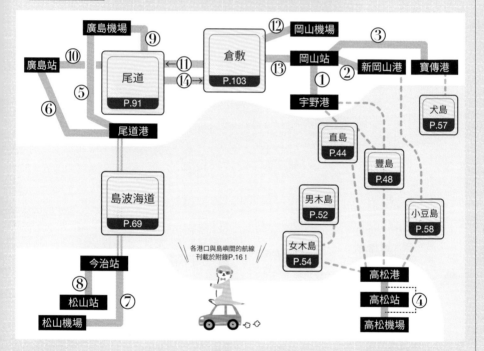

各港口與島嶼間的航線
刊載於附錄P.16！

From Airport　從機場至交通樞紐的車站

機場		利木津巴士	車站
廣島機場	🚌	廣島機場利木津巴士 50分(每小時1~4班)・¥1,450	廣島站新幹線口
岡山機場	🚌	岡山機場利木津巴士 30分(配合航班接駁)・¥780	岡山站西口
松山機場	🚌	松山機場利木津巴士 15分(配合航班接駁)・¥700	松山站前
高松機場	🚌	高松機場利木津巴士 45分(配合航班接駁)・¥1,000	高松站

RENT-A-CYCLE 租借自行車

島波海道是吸引各國自行車愛好者慕名而來的自行車聖地！除了新尾道大橋外，所有橋梁皆劃有自行車道，並有充足的自行車租借設施，即使第一次來也輕鬆無壓力。

自行車租借費用

租金1天￥2,000＋押金1輛￥1,100
（電動輔助自行車1天￥2,500，協力車1天￥3,000）
※於同一租借站或同島之其他租借站還車會退還押金。

往倉敷

⑫ 岡山機場→倉敷站　AIRPORT→KURASHIKI

🚌 BUS　巴士(利木津巴士)　35分・¥1,150
▶岡山機場→〈利木津巴士〉→倉敷站北口
▶配合航班接駁

⑬ 岡山站→倉敷站　OKAYAMA→KURASHIKI

🚃 TRAIN　電車(JR山陽本線)　18分・¥330
▶岡山站→〈JR山陽本線〉→倉敷站
▶每小時1～4班

P.103

⑭ 尾道站→倉敷站　ONOMICHI→KURASHIKI

🚃 TRAIN　電車(JR山陽本線)　1小時5分・¥1,170
▶尾道站→〈JR山陽本線・普通〉→倉敷站
▶每小時1～4班

★ TRAVEL TIPS ★

FOR ARRIVAL

若是搭乘大眾交通工具逛景點，可以多加利用優惠票券。

瀨戶內自行車渡輪PASS
連同自行車搭船前往瀨戶內海島嶼時，能享有船票折扣。許多航線都適用，折扣幅度視航線而異。PASS本身不需費用，想要用自行車×船的方式悠遊瀨戶內海島嶼時請務必多多運用。
費用：免費
申辦地點：自行車租借站、港口、觀光服務處etc.
有效期限：3天

《 TICKET INFORMATION 跨區域優惠票券 》

KAMOME巴士套票
提供岡山至小豆島的巴士＆渡輪票價折扣的來回票。前往小豆島觀光時不妨考慮看看。
費用：¥1,500
販售：岡山站前巴士綜合服務處、天滿屋票券中心等
有效期限：購買日起1週

岡山Wide Pass
可不限次數搭乘岡山縣內與至尾道、三原之自由周遊區間的JR（普通列車普通車自由席）或指定之私鐵、巴士、船舶的超值周遊券。
費用：¥4,200（3日可用）
販售：透過tabiwa網站或App購買（最晚可於當日購買）
使用期間：2024年4月2日為止（最晚於2024年3月31日開始使用）

CONTACT

🚃 各交通機關洽詢電話

●鐵道
JR西日本客服中心　☎0570-00-2486
●利木津巴士
廣島電鐵（廣島機場利木津巴士）　☎082-231-5171
中鐵巴士（岡山機場利木津巴士）　☎086-222-6601
伊予鐵巴士松山機場利木津巴士）　☎089-972-2511
琴電巴士（高松機場利木津巴士）　☎087-821-3033
●計程車（大型共乘計程車）
大平交通　☎0848-44-1600

往直島・豐島・小豆島

① 岡山站→宇野港　OKAYAMA→UNO

🚃 TRAIN　電車(JR宇野線)　52分・¥590
▶岡山站→〈JR宇野線・普通〉→宇野站
▶每小時1班

② 岡山站→新岡山港　OKAYAMA→SHINOKAYAMA

🚌 BUS　巴士(岡電巴士)　39分・¥500
▶岡山站巴士總站→〈往新岡山港岡電巴士〉→新岡山港
▶每小時1～2班

③ 岡山站→寶傳港　OKAYAMA→HODEN

🚌 BUS　巴士(兩備巴士、東備巴士)　1小時15分・¥900
▶岡山站巴士總站→〈兩備巴士〉→於西大寺BC轉乘→〈東備巴士〉→西寶傳→〈步行5分〉→寶傳港
▶1天1～2班(東備巴士為臨時班次)

P.32

④ 高松機場→高松港　AIRPORT→TAKAMATSU

🚌 BUS　巴士(利木津巴士)　55分・¥1,000
▶高松機場→〈利木津巴士〉→高松站→〈步行10分〉→高松港
▶配合航班接駁

往島波海道

⑤ 廣島機場→尾道港　AIRPORT→ONOMICHI

🚕 TAXI　計程車(大型共乘計程車)　51分・¥2,000
▶廣島機場→〈大平交通(大型共乘計程車)〉→尾道站前→〈步行即達〉→尾道港
▶1天5班(停駛中)

⑥ 廣島站→尾道港　HIROSHIMA→ONOMICHI

🚃 TRAIN　電車(JR山陽本線)　1小時30分・¥1,520
▶廣島站→〈JR山陽本線・普通〉→尾道站→〈步行即達〉→尾道港
▶於糸崎轉乘

⑦ 松山機場→今治站　AIRPORT→IMABARI

🚌 BUS　巴士(いずみ觀光巴士)　1小時35分・¥2,500
▶松山機場→〈往今治〉今治站
▶1天6班

P.69

⑧ 松山機場→今治站　MATSUYAMA→IMABARI

🚃 TRAIN　電車(JR予讚線)　36分・¥2,060
▶松山站→〈JR予讚線・特急潮風號、特急石鎚號〉→今治站
▶每小時1～2班

往尾道

⑨ 廣島機場→尾道站　AIRPORT→ONOMICHI

🚕 TAXI　計程車(大型共乘計程車)　51分・¥2,000
▶廣島機場→〈大平交通(大型共乘計程車)〉→尾道站前
▶1天5班(停駛中)

⑩ 廣島站→尾道站　HIROSHIMA→ONOMICHI

🚃 TRAIN　電車(JR山陽本線)　1小時30分・¥1,520
▶廣島站→〈JR山陽本線・普通〉→尾道站
▶於糸崎轉乘

P.91

⑪ 倉敷站→尾道站　KURASHIKI→ONOMICHI

🚃 TRAIN　電車(JR山陽本線)　1小時5分・¥1,170
▶倉敷站→〈JR山陽本線・普通〉→尾道站
▶每小時1～4班

※若從尾道或今治前往島波海道的各島嶼，建議租車自駕、租借自行車或搭船。詳情參閱附錄P.22

●Discovery　●Gourmet　●Shopping　●Experience　●Healing

Special Thanks

Thank you!

【繽紛日本 06】

瀨戶內海 尾道 倉敷

作者／昭文社媒體編輯部
翻譯／甘為治
特約編輯／徐承義
發行人／周元白
出版者／人人出版股份有限公司
地址／231028 新北市新店區寶橋路 235 巷 6 弄 6 號 7 樓
電話／(02)2918-3366（代表號）
傳真／(02)2914-0000
網址／www.jjp.com.tw
郵政劃撥帳號／16402311 人人出版股份有限公司
製版印刷／長城製版印刷股份有限公司
電話／(02)2918-3366（代表號）
香港經銷商／一代匯集
電話／（852）2783-8102
第一版第一刷／2023 年 12 月
定價／新台幣 380 元
　　　港幣 127 元

國家圖書館出版品預行編目 (CIP) 資料

瀨戶內海 尾道 倉敷／昭文社媒體編輯部作；
甘為治翻譯 .-- 第一版 .-- 新北市：人人出版
股份有限公司 , 2023.12
面；　公分 . -- (繽紛日本；6)

ISBN 978-986-461-363-2(平裝)

1.CST: 遊記 2.CST: 日本

731.9　　　　　　　　　　112018104

See you next trip!

■ 本書使用注意事項
●本書刊載的內容為2023年1～3時的資訊，有可能已經變更，使用時請事先確認。各種費用也有因稅率調整而變更的可能性，因此有部分設施標示的費用為未稅金額。另外，各設施為因應新冠肺炎疫情，營業日、營業時間、開幕日期，以及大眾運輸系統的運行等預定皆有可能更改，出發前請務必在各活動或設施的官網，以及各地方單位的網站上確認最新消息。因本書刊載的內容而產生的各種糾紛或損失，敝公司無法做出補償，敬請諒察之後再利用本書。
●由於電話號碼是各設施洽詢用的號碼，有可能非當地號碼。在使用導航等搜尋位置時，有可能出現與實際不同的地點，敬請留意。
●公休日僅寫出固定的休息日，未包括臨時休業、盂蘭盆節及新年假期。
●開館時間及營業時間基本上為入館截止時間或最後點餐時間。
●在費用的標示上，入場費等基本上為大人的金額。
●交通方式為主要前往方式及估計的所需時間。使用IC卡時運費及費用有可能不同。
●停車場未區分免費或收費，有停車場時會以車位數表示。
●關於本書中的地圖
測量法に基づく国土地理院長承認（使用）R 4JHs 19-136459　R 4JHs 20-136459　R 4JHs 21-136459　R 4JHs 24-136459

※本書若有缺頁或裝訂錯誤可進行更換。未經許可禁止轉載、複製。